Herstellung und Verlag:
BoD – Books on Demand, Norderstedt
ISBN 978-3-8482-5485-9

Tipps und Tricks zu Google-Produkten und Webdesign

Widmung

Dieses Buch ist meinem ehemaligen Chef, Herrn Ruess, gewidmet, der mir durch sein Vertrauen und seine Unterstützung ermöglicht hat, mit Mitte 40 noch etwas komplett Neues zu lernen.

Es soll andere unabhängig vom Alter ermutigen, offen zu sein für neue Dinge.

Früher – jetzt

Früher hat mein Sohn, wenn er ins Bett sollte, gesagt, er müsse noch E-Mails abrufen.

Jetzt sagt meine Tochter, wenn sie ins Bett soll, sie müsse noch eine Website erstellen.

Vorwort und Einleitung

Vorwort

Ich bin ohne Computer und Handy aufgewachsen. Auch in der Schule gab es keinen Computer.
In der Lehre habe ich noch auf einer Schreibmaschine getippt und Nachrichten per Telex verschickt. Kennt noch jemand die grüne Schrift und die großen Disketten von IBM-Computern?
Bei der 1. Firma nach der Lehre habe ich dann das 1. Mal an einem PC (Personal Computer) gearbeitet und Windows Programme wie Word, Excel und Power Point kennengelernt.
Privat habe ich nie einen Computer besessen.
Erst mit Mitte 30, als ich zu meinem Mann gezogen bin, der einen PC hat, habe ich angefangen, auch privat im Internet zu surfen, zu recherchieren und einzukaufen.

Mit Mitte 40 habe ich dann die Gelegenheit erhalten,

- Google Kampagnen zu erstellen (bezahlte Anzeigen in der Suchmaschine Google).
- eine Microsite (kleine Website) mit einer Kollegin und einem Programmierer aufzubauen.
- Maßnahmen zur Suchmaschinenoptimierung (SEO = Search Engine Optimization) für die Website der Firma durchzuführen.

Als mein 1. Buch veröffentlicht wurde, habe ich die beruflich erworbenen Kenntnisse privat genutzt und erweitert, um für mein Buch Werbung zu machen.

Sie können das auch!

Einleitung

Anmerkung: Wenn ich etwas nicht weiß oder genauer wissen will, recherchiere ich in www.google.de oder www.wikipedia.de oder ich rufe Hilfeseiten auf, die es fast überall gibt, entweder direkt als Menü „Hilfe", in einem Untermenü oder mit einem Fragezeichen. Da es immer wieder neue Websites gibt, auf denen man die gewünschten Informationen findet, empfehle ich generell die Suche mit entsprechenden Suchbegriffen anstatt konkrete Websites anzugeben, außerdem kann der Link dann direkt aufgerufen werden.
Zum besseren Verständnis empfehle ich, beim Lesen direkt am Computer eine entsprechende Website zu öffnen und zu vergleichen.

Tipp: Scheuen Sie sich nicht, den Support (Hilfe) einer Firma zu kontaktieren. Telefonisch ist das manchmal gar nicht möglich oder man hängt ewig in der Warteschleife, aber per E-Mail habe ich positive Erfahrungen gemacht, wenn man sein Problem sachlich und freundlich schildert. In der Regel erhält man dann ein Ticket (eine Nummer, unter der die Anfrage bearbeitet wird und die man bei weiteren Fragen immer angeben sollte).

Frage: Wozu braucht man einen Computer?

- Office-Anwendungen wie z. B. Word (für Texte), Excel (für Tabellen), PowerPoint (für Präsentationen) und Outlook (für E-Mails).
- Archivierung von Daten (z. B. Filme, Fotos).
- Information: Beschaffung von Informationen über eine Firma, eine Person, ein Produkt, etc.
- Recherche: Das gezielte Suchen nach einer bestimmten Information.
- Einkaufen: Shoppen in Online-Shops.
- Kontaktpflege: Über E-Mails, Facebook, Twitter, Skype, Google+ etc.
- Fernsehen: Sendung aus der Mediathek eines Senders, DVD, YouTube.

- Lernen: Lernprogramme/-spiele oder Beschaffung von Informationen zum Lernen.
- Spielen: Computerspiele.

Fangen wir mal ganz von vorne an, was man alles braucht, bis man im Internet ist. Ich setze voraus, dass die notwendige Hardware wie z. B. ein PC (Personal Computer), Laptop (wörtlich „auf dem Schoß"), Notebook (Notizbuch) oder Tablet (flacher tragbarer Computer) bereits vorhanden ist.

Anmerkung: Laptop und Notebook sind beides aufklappbare Computer, das Notebook ist kleiner und leichter.

Im Anschluss ein kleines Lexikon mit den gängigsten Begriffen rund ums Internet.

Alphabetisches Lexikon

A

Adresszeilen
Die Adresszeile wird links oben rechts neben dem Pfeil, mit dem man einen Schritt zurückgehen kann, angezeigt. Die Adresszeilen, ich nenne sie lieber Internetadressen, beginnen mit http:// (Hypertext Transfer Protocol = Hypertext-Übertragungsprotokoll) oder https:// (s = secure = sicher), wenn die entsprechende Website ein SSL-Server-Zertifikat (SSL = Secure Sockets Layer = sichere Buchsen Transportschicht) für einen sicheren Aufenthalt auf einer Website hat. Viele Internetadressen beginnen danach mit www. (World Wide Web = weltweites Netz). Unter „Browser Startseite" finden Sie eine Beschreibung, wie Sie sich eine Standardwebsite einrichten können, die immer automatisch beim Öffnen des Browsers angezeigt wird.

Tipp: Sobald Sie Zugangsdaten (Benutzer und Kennwort) z. B. für einen Online-Shop oder Online-Banking eingeben, sollten Sie darauf achten, auf einer https:// Seite zu sein.

Alt-Tags (Alt-Attribute)/Alternativtexte/Titel-Attribute
Mit Alt-Tags/Alternativtexten und Titel-Attributen können Texte hinterlegt werden, um Bilder zu beschreiben.

Ankertext
Ein Ankertext ist ein Text in einem Dokument, der eine Zieladresse (einen Link) hat, mit dem der Websitebesucher verbunden wird, wenn er auf den Text klickt. Der Linktext ist in der Regel blau, wenn darauf geklickt wurde, verändert sich die Farbe in lila. Es kann beim Ankertext auch ein Text hinterlegt werden, der, wenn man mit der Maus darüber fährt, als Tooltip (siehe unter „Tooltip") erscheint.

Avatar

Ein Avatar (aus dem Sanskrit = Abstieg (einer Gottheit auf die Erde)) ist im Internet das Benutzerbild, das entweder selbst hochgeladen oder aus einer Liste ausgewählt werden kann. Das Bild wird dann bei jedem Beitrag angezeigt.

B

Backlinks

Backlinks (englisch = Rückverweis) sind Verlinkungen von einer Website zu einer anderen und evtl. zurück (siehe unter „Verlinkungen").

Betriebssystem

Ein Betriebssystem (z. B. Windows, Mac, Linux) besteht aus mehreren Computerprogrammen, die den Computer und die Software kontrollieren und steuern.

Black-Hat-SEO

Bei der Black-Hat-SEO (englisch = schwarzer Hut Suchmaschinenoptimierung) werden die Richtlinien der Suchmaschinen missachtet (siehe auch unter „White-Hat-SEO").

Anmerkung: Hiervon ist abzuraten, um nicht abgestraft zu werden.

Browser

Ein Browser ist ein Programm, mit dem Sie einfach ins Internet gehen können, um sich Webseiten anzuschauen. Es gibt verschiedene Browser wie z. B.:

- Internet Explorer
- Mozilla Firefox
- Google Chrome
- Opera
- Safari

Welcher besser ist, muss jeder für sich selbst entscheiden, da die Oberfläche und Bedienung unterschiedlich ist. Es gibt Webseiten, die einen bestimmten Browser bevorzugen, d. h. die Darstellung auf der Webseite kann unterschiedlich sein bzw. bestimmte Funktionen sind nicht vorhanden.

Tipp: Wechseln Sie den Browser, wenn etwas nicht funktioniert.

Browser Startseite
Die Website, die Sie am meisten besuchen, können Sie als Startseite einrichten. Rufen Sie diese auf.
Im Internet Explorer klicken Sie dann auf den kleinen Pfeil neben dem Bild mit dem Häuschen oben → Klick auf „Startseite hinzufügen oder ändern" → Klick auf „Diese Webseite als einzige Startseite verwenden".
Im Mozilla Firefox klicken Sie auf „Extras" → „Einstellungen" → „Allgemein" → „Startseite anzeigen" aktivieren und auf „Aktuelle Seite verwenden" klicken.

C
Call-to-Action Button
Der Call-to-Action Button (auch kurz CTA) ist eine Schaltfläche auf einer Webseite mit einer Handlungsaufforderung (z. B. „Jetzt kaufen"). Diese Schaltfläche sollte gut sichtbar sein und einen einprägsamen kurzen Text haben, der den Websitebesucher animiert (nicht bevormundet), auf die Schaltfläche zu klicken, um die vom Websitebetreiber gewünschte Handlung auszuführen (z. B. Anmeldung zu einem Newsletter).

Tipp: Experimentieren Sie mit verschiedenen Farben und Texten beim Call-to-Action Button.

CMS
Ein CMS (Content-Management-System, englisch = Inhaltsverwaltungssystem) ist eine Software, um Inhalte (z. B. für Webseiten) zu erstellen und zu bearbeiten.

Community-Manager

Ein Community-Manager (englisch = Leiter einer Gemeinde) ist jemand, der im Internet eine Gruppe (z. B. in Xing, LinkedIn oder Google+) leitet und darauf achtet, dass die Gruppenregeln eingehalten werden. Er muss Kommunikationsexperte sein und ein feines Gespür haben. In Firmen ist die Aufgabe eines Community Managers, die Kontakte in sozialen Netzwerken aufzubauen und zu pflegen, auf den Ruf des Unternehmens online zu achten und den Bekanntheitsgrad der Firma zu steigern.

CPA

Ein CPA-Gebot (englisch = cost per action = Kosten pro Aktion bzw. Akquisition) ist der Betrag bei Google AdWords (siehe unter „Google AdWords"), den Sie maximal bereit sind für eine Conversion (z. B. einen Kauf, siehe unter „Conversion") zu bezahlen.

CPC

Ein CPC-Gebot (englisch = cost per click = Kosten pro Klick) ist der Betrag bei Google AdWords (siehe unter „Google AdWords"), den Sie maximal bereit sind für einen Klick auf Ihre Anzeige zu bezahlen.

CPM

Ein CPM-Gebot (englisch = cost per thousand impressions = Kosten pro tausend Impressionen) ist der Betrag bei Google AdWords (siehe unter „Google AdWords"), den Sie maximal bereit sind für 1000 Impressionen zu bezahlen.

CPO

Der CPO (englisch = cost per order = Kosten pro Auftrag) gibt Aufschluss über die Kosten, die für Verkäufe entstanden sind und wird wie folgt berechnet: CPO = Gesamtkosten / Anzahl der Verkäufe.

D

Datensicherung

Ein wichtiger Punkt. Viele haben Fotos von der Digitalkamera und auch sonst alle Dateien auf dem Computer, machen aber keine Datensicherung. Wenn etwas schiefgeht, sind die ganzen Daten und Bilder verloren.

> **Tipp:** Sichern Sie regelmäßig Ihre Daten je nach Menge auf einem USB-Stick oder einer externen Festplatte. Eine komplette Sicherung (Image) mit allen Programmen vom Computer ist ebenfalls empfehlenswert in regelmäßigen Abständen.

Anmerkung: Ich habe eine Kamera mit Film, ganz altmodisch. Mein Mann ging nach der Geburt unseres Sohnes in ein Fotogeschäft und wollte als Geschenk eine einfache Kamera für mich kaufen und diese hat man ihm empfohlen. Entweder hat er mich als technisch unbegabt beschrieben oder der Verkäufer hat Frauen generell für technisch nicht so versiert gehalten und meinem Mann deshalb diese Kamera empfohlen. Ein Vorteil ist, dass ich volle Filme gleich entwickeln lasse, was auch mit CD möglich ist, so dass ich die Bilder gleich für das Album habe und eine CD, um Bilder auf dem PC (Personal Computer) zu speichern und per E-Mail zu versenden.

Domain

Eine Domain ist der Name einer Internetadresse, z. B. www.google.de. Die Domain muss bei einem Domainprovider (Domainanbieter) registriert werden. Geben Sie z. B. „Domainanbieter" als Suchbegriff ein, um einen zu finden. Es gibt verschiedene Domainendungen, Länderendungen wie z. B. .de für Deutschland, .fr für Frankreich, allgemeine Endungen, z. B. .com für commercial = kommerziell, .org für Organisationen, .net für Internet, .info für Informationen. Nicht nur Firmen, sondern auch Privatleute können sich eine Domain bei einem Domainprovider kaufen. Die

Gebühr wird in der Regel jährlich gezahlt und hängt u. a. von der Domainendung und der Beliebtheit des Domainnamens ab. Man kann Domains so einrichten, dass man sie auch ohne www. oder http:// aufrufen kann. Zu jeder Domain gehört ein Hosting (siehe unter „Hosting").

Anmerkung: Sie können die Nutzung einer Domain ändern, d. h. Sie leiten eine 2. Domain auf den Inhalt der 1. Domain um.

Tipp: Wenn Sie eine Domain kaufen, sollte entweder der Name der Firma oder Person im Namen enthalten sein oder das Produkt, das verkauft wird. 2 Beispiele: www.claudiadieterle.de oder www.buecher.de.

F
Favicon
Ein Favicon ist ein Bild, Symbol oder Logo links neben der Adresszeile, woran man optisch schon die Website erkennt, deren Internetadresse man aufgerufen hat.

Favoriten
Speichern Sie Links (Verknüpfungen zu einer Website), die Sie häufig verwenden, als Favoriten ab. Im Internet Explorer klicken Sie auf „Favoriten" → „zu Favoriten hinzufügen". Im Mozilla Firefox klicken Sie auf „Lesezeichen" → „Lesezeichen hinzufügen". Es gibt noch die Auswahl Lesezeichen-Symbolleiste oder Lesezeichen-Menü, was im Internet Explorer Favoritenleiste bzw. Favoriten heißt. Die Links der Lesezeichen-Symbolleiste bzw. der Favoritenleiste sehen Sie dann direkt unter der Adresszeile mit der Internetadresse für den Schnellzugriff. Dort sollten die Links stehen, die man regelmäßig verwendet und schnell aufrufen will, alle anderen können dann über das Favoriten- bzw. Lesezeichen-Menü aufgerufen werden. Ein Favicon (siehe unter „Favicon") hilft optisch auch, eine Website bei den gespeicherten Favoriten schneller zu finden.

> **Tipp:** Sortieren Sie die Links in Ordnern nach Thema (z. B. Hobby, Bilder) und innerhalb des Ordners alphabetisch (Klick mit der rechten Maustaste auf einen Link → nach Namen sortieren).

Flash
Flash ist ein Programm, mit der interaktive Inhalte für eine Website erstellt werden können. Die Technik ist nicht geeignet für die Ansicht auf Mobilgeräten (siehe unter „Responsive Webdesign").

G
Generische Suchbegriffe
Generische Suchbegriffe sind Hauptsuchbegriffe oder Suchoberbegriffe, allgemeine Begriffe, die sehr beliebt sind, wie z. B. Auto, da es hier sehr viele Anbieter gibt, die natürlich auch gefunden werden möchten, wenn dieser Suchbegriff eingegeben wird. Deshalb kostet ein Klick bei den AdWords-Kampagnen (bezahlte Werbung) für einen solchen generischen Suchbegriff natürlich mehr und bei den organischen Suchergebnissen (suchmaschinenoptimierte, nicht bezahlte Ergebnisse) wird es schwieriger auf der ersten Seite zu erscheinen, da man sich von der Konkurrenz abheben und besonders relevante Informationen zum Suchbegriff auf der Website bieten muss (siehe auch unter „Relevanz").

Anmerkung: Meistens wird mit einem Suchoberbegriff gesucht.

Google
Google bietet sehr viele Dienste an. Wenn man einmal ein Konto angelegt hat, kann man mit diesen Zugangsdaten weitere Dienste nutzen. Das Design und die Funktionen in den Diensten werden immer wieder geändert und erweitert. Dienste werden regelmäßig umbenannt. Google Shopping hieß z. B. mal Google Produktsuche oder Froogle. Es gibt regelmäßig neue Produkte (z. B. Google Glass, ein am Kopf getragener Minicomputer) oder vorhandene werden eingestellt wie

z. B. Google Reader zum Lesen von Feeds (englisch = Eingaben). Siehe auch unter „RSS-Feeds".

Google+
Google+ ist ein soziales Netzwerk wie Facebook oder Twitter. Sie können ein privates Google+ Profil anlegen und Ihre Freunde und Bekannte in sogenannte Kreise einteilen (z. B. Familie, Freunde, Verein), so dass Sie Nachrichten privat, öffentlich oder nur mit bestimmten Kreisen teilen können.
Ein privates Profil enthält folgende Bereiche:

- Über mich: Mit folgenden Informationen:
  Personen: Wer in Ihren Kreisen ist und in wessen Kreisen Sie sind.
  Geschichte: 3 Bereiche mit Ihrem Motto, Intro und Dies und Das für Informationen über Sie.
  Arbeit: 3 Bereiche mit Ihrem Beruf, Ihren Kompetenzen und Ihrer Arbeit.
  Ausbildung: Was Sie gelernt haben.
  Allgemeine Informationen: Geschlecht, ich suche, Geburtstag, Beziehung, andere Namen.
  Orte: Die Städte, wo Sie gewohnt haben und jetzt wohnen, werden auf einer Karte angezeigt.
  Kontaktinformationen: Privat und geschäftlich.
  Links: YouTube, Weitere Profile, Blogs/Websites, Links, die für Sie interessant sind.
  Apps: Apps, die Sie runterladen können.
- Beiträge: Alles, was Sie gepostet haben (Text, Fotos, Link, Video, Hangout (siehe unter „Google Hangout").
- Fotos: Ihre Bilder, die Sie in Alben sortieren können.
- YouTube: Ihre Videos auf Ihrem YouTube-Kanal.
- +1: Alle Beiträge, wo Sie ein Plus gegeben haben, weil Ihnen der Beitrag gefallen hat. Sie können das +1 auch wieder zurücknehmen.

- Erfahrungsberichte: In Google Maps (siehe unter „Google Maps") können Sie einen Bericht mit Ihren Erfahrungen veröffentlichen (z. B. in einem Restaurant).

Mit diesem Profil können Sie nach Auswahl des Landes und Eingabe der Telefonnummer zur Überprüfung, ob bereits ein Eintrag vorhanden ist, eine Google+ Seite für folgende Kategorien erstellen:

- Lokales Geschäft (Geschäfte, Restaurants, Hotels, Dienstleister, ...),
- Produkt oder Marke (Mode, Autos, Elektronik, Finanzdienstleistungen, ...),
- Unternehmen, Einrichtung oder Organisation (Firmen, Einrichtungen, gemeinnützige Organisationen, ...),
- Kunst, Sport oder Unterhaltung (Film, Fernsehen, Musik, Bücher, Theater, Sport, ...),
- Sonstiges (Passende Kategorie, wenn Ihre Seite in keine andere passt.).

Eine Google+ Seite enthält folgende Informationen:

- Info mit folgenden Informationen:
  Personen: Wer in Ihren Kreisen ist und in wessen Kreisen Sie sind.
  Geschichte: 2 Bereiche mit Motto und Intro.
  Kontaktinformationen: E-Mail, Chat (z. B. Skype oder Google Talk) und Telefon.
  Links: Der Link Ihrer Website und sonstige Links.
- Beiträge: Alles, was Sie gepostet haben (Text, Fotos, Link, Video, Hangout).
- Fotos: Ihre Bilder, die Sie in Alben sortieren können.
- Videos: Alle Videos, die Sie öffentlich geteilt haben.
- Erfahrungsberichte: In Google Maps (siehe unter „Google Maps") können Sie einen Bericht

mit Ihren Erfahrungen veröffentlichen (z. B. in einem Restaurant).

Google+ Formatierung

Folgende Textformatierungen sind beim Posten in Google+ möglich:

Fett: Ein Sternchen * vor und nach dem betreffenden Wort oder Text ergänzen.

Kursiv: Einen Unterstrich _ vor und nach dem betreffenden Wort oder Text ergänzen.

~~Durchgestrichen~~: Einen Bindestrich - vor und nach dem betreffenden Wort oder Text ergänzen.

Google AdSense

Anzeigen aus Google AdWords-Kampagnen (siehe unter „Google AdWords") können mit Google AdSense auf anderen Websites geschaltet werden. Derjenige, der das auf seiner Website zulässt, kann damit Geld verdienen.

Google Alerts

Bei Google Alerts können Sie Suchanfragen eingeben und sich per E-Mail benachrichtigen lassen, wenn mit neuen Varianten, die diese Suchanfrage enthalten, gesucht wurde. So erfahren Sie die neuesten relevanten Google-Ergebnisse für Ihre Suchanfragen.

Google Author Rank

Mit der Einführung des Google Author Ranks (englisch = Google Autorenrang) soll der Anonymität im Internet gegengesteuert werden. Autoren sollen im Netz Autorität bzw. Expertenstatus erlangen und dafür ein besseres Ranking (siehe unter „Ranking") erhalten. Ein Link von einem vertrauenswürdigen Autor soll besser bewertet werden als ein Link von einem anonymen Autor.

Google Blogger

Wenn Sie keinen eigenen Blog (siehe unter „Blog") haben, können Sie sich bei Google Blogger registrieren, um Artikel zu veröffentlichen. Eine Alternative zu Google

Blogger ist <u>WordPress</u> (eine Websoftware und Blog-Plattform).

Anmerkung: Wenn Sie keinen eigenen Blog haben, können Sie auch versuchen, als Gastblogger auf einem anderen Blog Ihren Beitrag zu veröffentlichen. Im Internet recherchieren, welcher Blog interessant ist und einfach dort fragen.

Google Chrome
Google Chrome ist ein Browser (siehe unter „Browser") von Google, eine Alternative zum Internet Explorer oder Firefox.

Google Communities
Bei Google+ gibt es Communities (englisch = Gemeinden) ähnlich wie die Gruppen bei LinkedIn oder Xing, in denen Sie über bestimmte Themen diskutieren können.

Google Drive
Google Drive (englisch = fahren, früher Google Text und Tabellen oder Google Docs) ist ein Dienst von Google, wo Dateien von verschiedenen Rechnern und Google-Benutzern bereitgestellt werden, wodurch eine Online-Datensicherung möglich ist. Es gibt Funktionen für die Textverarbeitung, Tabellenkalkulation, Bildschirmpräsentationen, Formulare und Zeichnungen. Die Dokumente können gemeinsam mit anderen Benutzern bearbeitet werden. Alle Benutzer sehen Änderungen in Echtzeit

Google Hangout
Google Hangout ist ein Dienst von Google für:

- Gruppenunterhaltungen,
- Videoanrufen in Hangouts mit bis zu 10 Freunden,
- Hangouts für alle Freunde über Computer, Android-Telefon, Tablet, iPhone oder iPad.

Google Instant

Durch Google Instant (englisch = sofort) werden während der Eingabe eines Suchbegriffs in Google Ergebnisse angezeigt, um schneller relevantere Suchergebnisse zu liefern. Sie können einen dieser Suchbegriffe anklicken und sich das Ergebnis anschauen oder mit Ihrem Suchbegriff suchen.

Google Local

Google Local oder Google Places ist ein lokaler Eintrag eines Geschäfts oder einer Firma. Ein solcher Eintrag ist besonders für Hotels, Restaurants, Handwerker und Geschäfte wichtig, wo die Kunden hauptsächlich vor Ort sind.

Nach Auswahl des Landes und Eingabe der Telefonnummer (zur Prüfung, ob bereits ein Eintrag besteht), können Sie folgende Dinge eingeben:

- Land,
- Adresse
- Website,
- Beschreibung mit maximal 200 Zeichen,
- Bis zu 5 Kategorien (eine Kategorie muss aus der Liste von Google sein; wenn Sie einen Buchstaben eingeben, erscheint die Liste, die anderen können frei gewählt werden),
- Einzugsgebiet und Standort (mehrere Städte eingeben, wo Sie tätig sind oder den Standort Ihrer Firma),
- Öffnungszeiten,
- Zahlungsoptionen,
- bis zu 10 Fotos,
- bis zu 5 Videos,
- zusätzliche Details (z. B. was Ihre Firma speziell anbietet).

Nach dem Eintragen benötigen Sie zur Bestätigung des Eintrags eine PIN, die Sie telefonisch, per SMS oder per Postkarte erhalten. Im Konto ist eine Statistik vorhanden, wo Sie die Impressionen (wie häufig Ihr Eintrag erschienen ist) und die Klicks (wie häufig jemand auf den Eintrag geklickt hat) für die letzten 7 oder 30 Tage sehen können.

Google Mail

Google Mail ist ein Dienst von Google, mit dem man E-Mails verschicken kann.
Unter dem Google-Logo links oben sind 3 Menüs zur Auswahl:

- Gmail (Ansicht mit Posteingang, Gesendet, Entwürfen, den Kreisen von Google+ (siehe unter „Google+"), Spam, Papierkorb). Für die Mails können sogenannte Labels angelegt werden, um sie nach Thema zu sortieren und in den jeweiligen Ordner (das Label) zu verschieben.
- Kontakte (die Kontakte können vom bisherigen Mail-Programm mit Klick auf Button „Mehr" und Menü „Importieren" importiert werden.
- Aufgaben (zum Erstellen von Aufgaben, die z. B. per E-Mail weitergeleitet und nach Erledigung gelöscht werden können).

Mit Klick auf das Zahnrad rechts oben und Menü Einstellungen können u. a. folgende Dinge eingestellt werden:

- Standardtextstil (Schriftart, Schriftgröße und Schriftfarbe),
- eigenes Bild,
- Signatur,
- Abwesenheitsnotiz.

Anmerkung: Bei Erstellung eines Google Mail Kontos wird automatisch ein Google+ Profil erstellt.

Google Maps

Google Maps ist ein Dienst von Google, mit dem man Orte, Hotels, Restaurants und andere Dinge suchen kann, um deren Position auf einer Karte oder einem Bild der Erdoberfläche (Satelliten- und Luftbilder) zu sehen. Die Daten kommen von einem Google Local Eintrag (siehe unter „Google Local").

Google Merchant Center
Händler können ihre Produkte im Google Merchant Center (englisch = Google Händlerzentrum) einstellen, damit potentielle Kunden sie in Google Shopping (siehe unter „Google Shopping") finden.

Google PageSpeed Insight
Dienst von Google zur Messung der Ladezeit (siehe unter „Ladezeit") einer Website. Es wird ein Wert von 0 – 100 ausgegeben, 0 = sehr schlecht, 100 = sehr gut. Außerdem erhalten Sie Hinweise, was Sie tun können, um die Ladezeit zu optimieren. Den Bericht gibt es zur Desktop- und zur Mobilansicht der Website.

Google Product Listing Ads
Google Product Listing Ads (Produktanzeigen mit Produktinformationen) erscheinen, wenn jemand bei Google oder Google Shopping nach etwas sucht. Sie enthalten:

- Produktdetails,
- ein Produktbild,
- den Preis,
- den Händlernamen.

Die Informationen kommen von Einträgen bei Google Shopping (siehe unter „Google Shopping").

Google Remarketing
Mit Google Remarketing können Sie Anzeigen mit einer Google AdWords-Kampagne bei Leuten schalten, die bereits Ihre Website besucht, aber keinen Kauf abgeschlossen haben. Dabei werden auf Seiten der Website sogenannte Tags (englisch = Etiketten) hinzugefügt. Wenn der Websitebesucher sich z. B.

Schuhe auf Ihrer Website angeschaut hat, sieht er nach dem Besuch auf dritten Websites Display-Anzeigen (Banner) mit Schuhen.

Google Shopping
Bei Google Shopping (englisch = Einkäufe) können Käufer im Internet nach Produkten suchen und sie kaufen.

Google Sites
Mit Google Sites können Websites nach Vorlagen erstellt werden.

Google Talk
Eine Möglichkeit im Web und auf dem Desktop in Google Mail, iGoogle (Ihre personalisierte Google-Seite) und orkut (soziales Netzwerk von Google, beliebt in Indien und Brasilien) zu chatten (englisch = plaudern).

Google Toolbar
Die Toolbar (englisch = Werkzeugleiste) von Google kann im Internet Explorer oder Firefox installiert werden und hat Schaltflächen, mit denen verschiedene Funktionen ausgeführt werden können.

Google Universal Analytics
Google Universal Analytics bietet im Vergleich zu Google Analytics zusätzliche Funktionen zu den Standardfunktionen von Google Analytics, mit denen man ändern kann, wie Daten gesammelt und organisiert werden.

Google URL Shortener
Mit diesem Dienst können Sie URLs kürzen (englisch to shorten, siehe unter „URL").

Grey-Hat-SEO
Die Grey-Hat-SEO (englisch = grauer Hut Suchmaschinenoptimierung) liegt zwischen der White-Hat-SEO und der Black-Hat SEO (siehe unter „White-

Hat-SEO" bzw. „Black-Hat-SEO") und beinhaltet
Maßnahmen wie z. B.:

- Cloaking (englisch = verhüllen), Informationen,
  die verborgen, nicht sichtbar sind.
- Paid Links (englisch = gekaufte Links), siehe
  unter „Backlinks".
- Duplicate Content (englisch = doppelter Inhalt),
  Inhalt kopieren.

Anmerkung: Hiervon ist abzuraten, um nicht abgestraft
zu werden.

H
Hashtags
Ein Hashtag (english = Doppelkreuz) wird besonders bei
Twitter verwendet, indem vor ein Stichwort das Zeichen
gesetzt und damit für Suchanfragen mit diesem Begriff
markiert wird. Wenn Sie auf das Wort klicken,
erscheinen bei Twitter alle Suchergebnisse mit diesem
Begriff.

Hosting (Datenbewahrung)
Für eine Domain ist immer auch ein Hosting notwendig,
der Ort, wo der Inhalt einer Website geparkt und im
Internet abrufbar ist. Dieser Service wird auch von
Domainprovidern angeboten und ist wie die Domain
kostenpflichtig. Es werden nicht nur Web-Speicher,
sondern auch eine Datenbank oder E-Mail-Adressen
angeboten.

Tipp: Überlegen Sie sich gut, was Sie langfristig mit Ihrer Domain erreichen wollen. Der Transfer einer Domain kostet Geld. Ein späteres Umstellen vom Free Hosting (kostenloses Hosting), was Anbieter zur Erstellung einer kostenlosen Website (siehe unter „eigene Website erstellen") mit Eigenwerbung anbieten, zur kostenpflichtigen Website könnte auch teurer sein, wenn Sie evtl. noch den Anbieter wechseln und es ist ein Aufwand.
Wenn Sie in einer Suchmaschine möglichst weit oben gefunden werden wollen, kommt eine kostenlose Website mit freiem Hosting nicht in Frage.

I

Icon
Ein Icon (englisch = Symbol, Bildzeichen von griechisch εικων = Bild) ist ein Bild, bei dem man mit Klick auf das Bild z.B. eine Datei oder eine Webseite öffnet. Die bekanntesten Icons sind die von sozialen Netzwerken, wie z. B. Facebook, Google+ oder Twitter, mit denen auf einer Website angezeigt wird, wie die Firma im Internet sozial vernetzt ist.

Impressionen
Die Anzahl der Impressionen gibt an, wie oft eine Anzeige erschienen ist.

Inhalt
Ein Grundsatz in der Suchmaschinenoptimierung ist „content is king" (englisch = der Inhalt ist König). Nachfolgend ein paar Tipps, um guten Inhalt für eine Website, einen Blog oder Werbematerial zu schreiben:

- Interesse wecken,
- neugierig machen,
- ein Problem schildern und eine Lösung bieten,
- eine Checkliste, z. B. 10 wichtige Punkte zum Hausbau,
- wie Sie in 3 Schritten … erreichen,

- wie Sie die 3 schlimmsten Fehler beim ... vermeiden,
- ein gratis E-Book, eine kostenlose PDF-Datei mit Tipps zum Download oder ein Geschenk anbieten.

Der Inhalt muss dem Leser relevante Informationen (siehe unter „Relevanz"), einen Mehrwert bieten, damit er bereit ist, den Text zu lesen. Dazu gehören auch ein ansprechender Titel und eine übersichtliche Gliederung (Absätze, Untertitel, Formatierungen wie fett, kursiv oder unterstrichen).

Internet
Das Internet ist ein weltweites Netz, um Daten auszutauschen. Jede Website bietet Informationen zu einer Firma, Produkten, einer Person oder einem Thema. Zusätzlich bietet das Internet eine Plattform zur Kontaktaufnahme/-pflege durch Kontaktformulare und die Angabe von Adressdaten. Informationen werden angeboten und ausgetauscht bei z. B.:

- Facebook (wörtlich „Gesichtsbuch"), wo Sie in einem Profil Daten und Bilder von sich hinterlegen und von anderen Personen, die dasselbe getan haben, die Informationen einsehen können. Follower (to follow = folgen) werden die Leute z. B. bei Facebook genannt, die einem anderen folgen und die Daten teilen.
- Google+ ist das soziale Netzwerk von Google und funktioniert ähnlich wie Facebook.
- Twitter („Gezwitscher") zur Verbreitung von Nachrichten in Textform (sogenannte Tweets) mit maximal 140 Zeichen.
- Blogs (oder Web-Logs, eine Wortzusammensetzung aus World Wide Web und Log (Logbuch)) sind Tagebücher mit Online-Einträgen vom Autor des Blogs (dem Blogger), die öffentlich gelesen und teilweise kommentiert werden können.

- Internetforen (lateinisch forum = Marktplatz) sind ein Ort zum Austausch von Erfahrungen und Meinungen. Man sucht bei den bereits vorhandenen Einträgen oder stellt eine Frage, die hoffentlich jemand beantworten kann. Manche Websites haben keine Hilfeseiten sondern ein Hilfeforum, wo man suchen kann, was man wissen will.
- Xing ist eine Plattform, um private und geschäftliche Kontakte zu pflegen.

IP-Adresse (Internet Protokoll Adresse)
Die IP-Adresse ist die Adresse eines Geräts im Computernetzwerk und dient zur Identifikation.

K
Keyword
Ein Keyword (englisch = Schlagwort, Stichwort, wörtlich Schlüsselwort) ist ein Suchbegriff, mit dem in einer Suchmaschine nach etwas gesucht wird. Häufig wird mit 2 – 3 Worten gesucht, weil das Ergebnis dann relevanter ist (siehe unter „Relevanz").
Wenn Sie in einer Suchmaschine (siehe unter „Suchmaschine") einen Suchbegriff z. B. Waschmaschinen eingeben, werden Ihnen in einer Liste unter dem Feld mit dem Suchbegriff die relevantesten Worte oder Wortkombinationen zu diesem Wort angezeigt, die es dazu gibt, d. h. mit denen am Häufigsten gesucht wird/wurde. Bei Waschmaschinen ist das z. B. „Waschmaschinen Testsieger".
Suchbegriffe können aus Wörtern oder Wortgruppen bestehen.
Der Suchbegriff ist von großer Bedeutung für die Suchmaschinenoptimierung (siehe unter „Suchmaschinenoptimierung"), da sich jeder Anbieter von einem bestimmten Produkt wünscht, dass der Suchbegriff in einer Suchanfrage auf seine eigene Website führt.

> **Tipp:** Wenn Sie dem Suchbegriff noch ein oder zwei
> Attribute (z. B. eine nähere Beschreibung zum Produkt)
> hinzufügen, wird das Suchergebnis eingegrenzt und
> genauer. Suchen Sie deshalb nicht einfach nach
> Schuhen, sondern z. B. nach Schuhen aus Leder,
> Damenschuhen, schwarzen Schuhen oder Schuhen von
> einer bestimmten Marke.

Keyword stuffing

Keyword stuffing (englisch = mit Suchbegriffen
vollstopfen, überflüssige Suchbegriffe) nennt man es,
wenn in einem Text ein bestimmter Suchbegriff zu häufig
verwendet wird, um ein besseres Ranking (Rangfolge) in
der Suchmaschine zu erreichen. Wenn Sie z. B.
„Trockner" verkaufen und in jedem Satz das Wort
„Trockner" ein- bis dreimal verwenden, ist das auch für
den Leser schwer und nervig zu lesen.

Klick

Die Anzahl der Klicks gibt an, wie oft auf eine Anzeige
geklickt wurde (siehe unter „Google AdWords").

Kontaktformulare

Je weniger Informationen Sie in einem Kontaktformular
abfragen, desto größer ist die Wahrscheinlichkeit, dass
das Formular ausgefüllt wird. In der Regel reichen:

- Name,
- E-Mail-Adresse,
- Nachricht.

Wenn Sie als Pflichtfeld (d. h. das Feld muss ausgefüllt
werden, sonst kann das Formular nicht abgeschickt
werden) z. B. auch die komplette Adresse und das
Geburtsdatum abfragen, brechen viele beim Ausfüllen
des Formulars ab.

L

Ladezeit

Wenn es lang dauert, bis eine Seite geladen ist, müssen Sie damit rechnen, dass der Besucher Ihre Website wieder verlässt. Besonders auf Mobilgeräten ist eine lange Ladezeit sehr unangenehm. Geben Sie in einer Suchmaschine z. B. „Ladegeschwindigkeit messen" oder „Ladezeit messen" ein und suchen nach einem kostenlosen Werkzeug, die Ladezeit auf Ihrer Website zu messen. Sie erhalten teilweise auch weitere statistische Werte zur Website und Optimierungsvorschläge oder Empfehlungen, wie Sie die Ladezeit verbessern können (siehe auch unter „Google PageSpeed Insights").

Landing Pages

Eine Landing Page (englisch = Landeseite) ist eine speziell erstellte Webseite. Die URL (siehe unter „URL") dieser Webseite wird z. B. gern beim Versand von Werbemitteln oder E-Mail-Mailingaktionen anstatt der URL der kompletten Website verwendet. Auf der Landing Page wird versucht, in komprimierter Form ansprechende Informationen mit einer Handlungsaufforderung (z. B. etwas zu kaufen) zu bieten. Wichtig ist dabei der Call-to-Action Button (Handlungsaufforderungs-Button, siehe unter „Call-to-Action Button").

M

Meta Data (Metadaten)

Metadaten sind Daten, die eine Website bzw. die einzelnen Seiten genauer beschreiben und bestehen aus:

- Meta Title (Seitentitel)
- Meta Description (Seitenbeschreibung)
- Meta Keywords (Seitenschlagworte)

Diese Daten müssen für jede Seite separat gepflegt werden.

N

Navigation

Auf einer Website bedeutet eine gute Navigation, dass der Websitebesucher leicht findet, was er sucht, durch übersichtliche Menüs, Reiter (Karteikarten), Schaltflächen zum Klicken (z. B. mit der Beschriftung „in den Einkaufswagen", wodurch man zum Online-Shop weitergeleitet wird, oder „Details", wo man dann die Produktdetails findet).

Netiquette

Unter Netiquette (Kofferwort aus dem englischen Wort net = Netz und dem französischen Wort étiquette = Anstandsregeln) versteht man das gute Benehmen im Netz, vor allem in sozialen Netzwerken. Siehe auch unter „Community Manager", der in seiner Community für die Einhaltung der Regeln und gutes Benehmen der Gruppenmitglieder verantwortlich ist.

O

Offpage-Optimierung

Offpage-Optimierung (englisch offpage = außerhalb der Seite) ist die Optimierung einer Website nicht direkt auf der Website (z. B. mit Verlinkungen (siehe unter „Verlinkungen")).

Online-Shops

Immer mehr Menschen recherchieren nicht nur im Internet, sondern kaufen auch dort ein anstatt lokal in ein Geschäft zu gehen, deshalb haben immer mehr Websites einen Online-Shop. Wenn online verkauft wird, sind folgende Dinge wichtig:

- Impressum,
- AGBs (= allgemeine Geschäftsbedingungen),
- Datenschutz (Hinweise, wie Sie mit den Daten, die Sie beim Kauf erhalten, umgehen, bei Verwendung von Google Analytics sollte immer eine Kapitel Datenschutz ergänzt werden).
- Produktbilder und -beschreibungen mit Preis

- Informationen über Versandbedingungen,
- Informationen über Zahlungsbedingungen,
- Informationen über das Rückgaberecht.,

Auf der Website sollten alle notwendigen Informationen zum Kauf möglichst einfach und schnell zu finden sein. Die Bestellung sollte in möglichst wenigen Schritten (optimal sind 3) möglich sein. Sonst haben Sie das Problem „shopping cart abandonment" (englisch = Verlassen des Einkaufswagens).

Onpage-Optimierung
Onpage-Optimierung (englisch onpage = auf der Seite) ist die Optimierung einer Website direkt auf der Website (z. B. mit Website-Titeln, Überschriften, Alternativtexten, bessere Formulierung des Inhalts, siehe unter Suchmaschinenoptimierung).

P
PageRank (englisch = Seitenrang)
Der Seitenrang von Google dient zur Berechnung, wie wichtig eine Website ist, d. h. wie weit oben sie bei den organischen (nicht bezahlten) Suchergebnissen erscheint.

Pop-up-Fenster
Ein Pop-up-Fenster (englisch to pop up = plötzlich auftauchen) ist ein visuelles Element, das z. B. auf einer Website als Kontextmenü erscheint, wenn man auf ein Menü klickt. Es kann aber auch eine Werbung sein, um z. B. jemanden zu einem Webinar (siehe unter „Webinar") einzuladen. Da ein Pop-up-Fenster einen Teil der Website verdeckt, ist es weniger beliebt und viele benutzen deshalb Pop-up-Blocker, um Werbung zu blockieren.

PPC
PPC (englisch pay per click = pro Klick zahlen) in einer AdWords-Kampagne (siehe unter „Google AdWords") ist eine Abrechnung per Klick, d. h. es wird pro Klick auf

eine Anzeige und Besuch der Website gezahlt. Ein weiteres Modell ist die Abrechnung nach Impressionen, d. h. wie oft Ihre Anzeige erschienen ist (siehe auch unter „CPC" und „CPM").

Q

Qualitätsfaktor

Der Qualitätsfaktor ist eine Messgröße zur Relevanz (siehe unter „Relevanz") von Anzeigen, Suchbegriffen und den Zielseiten der Anzeigen. Ein hoher Qualitätsfaktor heißt, dass Anzeigen, Suchbegriffe und Zielseiten für die Suchanfrage sehr relevant sind. Je höher der Qualitätsfaktor ist, desto niedriger kann der Preis des Suchbegriffs und desto besser kann die Anzeigenposition sein.

Bei jeder Suchanfrage spielt der Qualitätsfaktor des Suchbegriffs eine wichtige Rolle. In Ihrem AdWords-Konto finden Sie den Qualitätsfaktor Ihrer Suchbegriffe, der für Such-Werbenetzwerke und Display-Netzwerke (siehe unter „Such-„ bzw. „Display-Netzwerk") unterschiedlich sein kann.

Der Wert des Qualitätsfaktors ist von 1/10 bis 10/10. Die Bewertung ist wie folgt: "1 – 4" = "schlecht", "5 – 7" = "OK" und "8 – 10" = "sehr gut".

Ein wichtiger Punkt des Qualitätsfaktors ist die Zielseite. Die Zielseite, die Seite mit der Ihre Anzeige verlinkt, muss relevant sein, d. h. in Bezug auf die Suchanfrage das passende Ergebnis liefern. Der Inhalt der Zielseite sollte individuell sein, d. h. keine Kopie von einer anderen Website, sich von Ihrer Konkurrenz hervorheben und klare Informationen zu den Produkten oder z. B. was passiert, wenn man auf eine Schaltfläche klickt, bieten. Die Navigation (siehe unter „Navigation") auf der Seite sollte einfach sein (z. B. wenn der potentielle Kunde weitere Informationen oder Ihre Kontaktdaten sucht).

Anmerkung: Es kommt auch häufig vor, dass es auf der Website, die man aufruft, gar nichts gibt zum Suchbegriff. Manche denken wohl, man muss nur jemanden auf die Website locken, dann findet derjenige vielleicht etwas, wonach gar nicht gesucht wurde, aber dann trotzdem gekauft wird. Eine zweite Erklärung ist eine schlecht eingestellte AdWords-Kampagne (siehe unter „Google AdWords").

Tipp: Sehr beliebt bei Kunden sind Erfahrungsberichte oder Bewertungen von anderen Kunden.

Quellcode/Seitenquelltext
Rufen Sie eine Website auf und klicken Sie an einer beliebigen Stelle mit der rechten Maustaste, es öffnet sich ein neues Fenster. Im Internet Explorer wählen Sie „Quellcode anzeigen", im Firefox wählen Sie „Seitenquelltext anzeigen. Der Quellcode oder Seitenquelltext ist das Grundgerüst von jeder Website und zeigt, was im Hintergrund programmiert wurde, damit die Seite so aussieht. HTML (= Hypertext Markup Language) ist die Computer-Sprache, mit der Internetseiten aufgebaut werden. Im Quellcode sehen Sie dann auch die Metadaten (siehe unter „Metadaten").

Ein QR-Code (englisch quick response = schnelle Antwort) ist ein zweidimensionaler Code, der mit einem Smartphone gescannt und gelesen werden kann. Er kann folgende Informationen enthalten:

- URL (Websiteadresse),
- einen Text,
- eine Vcard (die Daten einer Visitenkarte).

QR-Codes sind nützlich, weil man sich die Arbeit des Eintippens einer URL spart und z. B. bei Werbematerial direkt auf die Seite mit den entsprechenden Informationen gelangt.

Anmerkung: QR-Codes können auch mit Logo erstellt werden. Sie können einen QR-Code auch in die Autosignatur bei Google Mail ergänzen. Dazu benötigen Sie die URL (siehe unter „URL") vom Bild. Wenn Sie z. B. den QR-Code auf Ihrer Website haben, klicken Sie mit der rechten Maustaste auf das Bild des QR-Codes und kopieren die Adresse (URL).

R

Ranking
Das Ranking (englisch = Rangfolge) ist die Reihenfolge der Suchergebnisse in einer Suchmaschine.

Ranking Kriterien
Ranking Kriterien sind Merkmale, die bestimmen, wie weit oben eine Website bei den organischen Suchergebnissen erscheint, also die nicht bezahlten Ergebnisse von suchmaschinenoptimierten Websites.

Relevanz
Eine Suchmaschine versucht immer, das bestmögliche Ergebnis zu einer Suchanfrage zu liefern. Der Suchende soll genau das finden, was er sucht, deshalb werden die Websites unter den Anzeigen gezeigt, die inhaltlich am besten mit dem Suchbegriff übereinstimmen.

Responsive Webdesign
Responsive Webdesign könnte man als reaktionsfähiges Design bezeichnen. Immer mehr Menschen gehen mit Smartphone ins Internet. Die Website wird leider nicht einfach verkleinert angezeigt. Es kann auslaufenden Text geben. Elemente der Website können fehlen oder anders angeordnet sein. Bei mit der Flash-Technik (ein Programm zur Erstellung einer Website) hergestellten Websites fehlen z. B. die Bilder. Beim Responsive Webdesign richtet sich der grafische Aufbau der Website nach dem Gerät, mit dem die Website angeschaut wird. Gerade bei der Ansicht auf Mobilgeräten muss die Ladezeit (siehe unter „Ladezeit") möglichst kurz, die Ansicht möglichst übersichtlich und die Navigation (siehe unter „Navigation") möglichst einfach sein.
Mittlerweile gibt es auch Apps (Anwendungssoftware), um eine mobile Website zu erstellen. Sie kann z. B. eine verkürzte Version der eigentlichen Website sein und auf die Desktop-Version verlinken.

Robot

Ein Robot (Verkürzung von Roboter, auch Spider (englisch = Spinne) oder Crawler (englisch = Kriechtier) genannt) ist ein Programm, das die Inhalte von Websites liest und erfasst und im Hinblick auf Suchanfragen bewertet und sortiert.

RSS-Feeds

Durch das Abonnieren eines RSS-Feeds (englisch RSS = really simple syndication = wirklich einfache Syndizierung, to feed = füttern), wird der Abonnent über Änderungen auf einer Website (z. B. neue News oder Blogeinträge) informiert.
Das RSS-Symbol auf der Website ist bei Neuigkeiten orange, sonst grau. Achten Sie beim Besuch von Websites, die Sie interessant finden, darauf, ob Sie einen RSS-Feed abonnieren können.

Anmerkung: Bei YouTube kann man den Kanal abonnieren und wird so automatisch per E-Mail informiert, wenn ein neues Video eingestellt wurde.

S

SEA

Die SEA (englisch = Search Engine Advertising = Suchmaschinenwerbung) ist die Werbung in der Suchmaschine.

SEM

Die SEM (englisch = Search Engine Marketing = Suchmaschinenmarketing) setzt sich aus der SEA und der SEO zusammen.

SEO

Die SEO (englisch = Search Engine Optimization = Suchmaschinenoptimierung) ist die Optimierung der Website für die Suchmaschine.

Sitemap (Seitenübersicht)
Eine Sitemap ist das Inhaltsverzeichnis einer Website. Man sieht dort, welche einzelnen Seiten es gibt und kann diese mit einem Mausklick direkt aufrufen.

Snippet
Ein Snippet (englisch = Schnipsel) ist ein kurzes Stück Quelltext aus den Metadaten, das in den Suchergebnissen angezeigt werden kann (siehe unter „Meta Data").

Social Bookmarks
Social Bookmarks (englisch = soziale Lesezeichen) sind Lesezeichen im Internet, die von mehreren Benutzern auf einem Server im Internet abgelegt werden können, so dass jeder darauf zugreifen kann und Lesezeichen ausgetauscht werden können (siehe auch unter „Backlinks"). Sie sind eine Art Verlinkung und werden deshalb auch in der Suchmaschinenoptimierung (siehe unter „Suchmaschinenoptimierung") eingesetzt. Hier gilt aber Qualität vor Quantität.

Social Media
Social Media (englisch = Soziale Medien) sind digitale Medien und Technologien durch die sich Nutzer austauschen und Inhalte erstellen können (z. B. in Facebook, Foren oder auf Blogs). Der Websitebesucher ist nicht mehr nur Konsument sondern auch Produzent (siehe auch unter „Web 1.0" und „Web 2.0), d. h. er besucht nicht nur eine Website, sondern hinterlässt auch einen Kommentar im Internet. Dabei werden Texte, Bilder, Audio (lateinisch audire = hören) oder Videos verwendet.

Spam
Spams sind unerwünschte Informationen, die man meist per E-Mail erhält (siehe auch unter „Captcha"). In der Suchmaschinenoptimierung (siehe unter „Suchmaschinenoptimierung") wird von Spam gesprochen, wenn die Richtlinien nicht eingehalten werden, um ein besseres Suchergebnis zu erreichen.

Subdomain
Eine Subdomain ist eine Domain, die unter einer anderen Domain liegt. Mit einer Domain und Subdomains können z. B. verschiedene Filialen einer Firma oder eine Website, die es in verschiedenen Sprachen gibt, gegliedert werden.

Suchmaschinen
Da Google in Europa die am Häufigsten verwendete Suchmaschine ist, ein paar Erläuterungen über den Aufbau. Andere Suchmaschinen sind z. B. Yahoo, Bing, Baidu. Gehen Sie ins Internet, geben Sie www.google.de und einen Suchbegriff z. B. „Waschmaschinen" ein.

Suchmaschinenranking
Das Suchmaschinenranking (englisch ranking = Rangfolge) bezeichnet die Reihenfolge der Suchergebnisse in einer Suchmaschine. Ziel ist es dabei, dem Suchenden ein möglichst relevantes Ergebnis (siehe unter „Relevanz") zu liefern. Die Seiten mit den Suchergebnissen werden auch SERPs genannt (englisch search engine result pages = Suchmaschinenergebnisseiten).

T
Templates
Templates (englisch = Schablonen) sind Vorlagen, die man mit Inhalt (z. B. bei Websites mit Texten und Bildern) füllen kann.

Timeline
Eine Timeline (englisch = Zeitachse) wird die Ansicht aller Posts (Beiträge) in einem Google+ Profil genannt.

Tooltip
Ein Tooltip (englisch wörtlich Werkzeugtip) ist ein kleines Pop-up-Fenster (siehe unter „Pop-up-Fenster") in Anwendungsprogrammen oder auf Webseiten, das, wenn man mit der Maus darüber fährt (englisch mouse over), eine Beschreibung zu einem Element (z. B. ein

Foto oder ein Linkziel) der grafischen Benutzungsoberfläche zeigt. Es wird auch Quickinfo (englisch = schnelle Information) genannt.

Troll

Ein Troll ist ursprünglich ein Fabelwesen, aber auch jemand, der im Internet in sozialen Netzwerken, Foren, Blogs oder Chats Gespräche und Diskussionen durch Kommentare, die unsachlich sind und nichts zur Sache beitragen, absichtlich versucht zu stören und zu provozieren.

U

URL

Eine URL (englisch uniform resource locator = einheitlicher Quellenanzeiger) ist die Internet- oder Webadresse einer Website. Wenn Sie auf einer Website ein anderes Menü öffnen, ändert sich auch die URL in der Adresszeile. Die URL ist die Identifikation der entsprechenden Seite und beinhaltet immer den Domainnamen (z. B. „google"). Wenn auf einer Website der Wechsel in eine andere Sprache möglich ist, wird die Länder- und Sprachenbezeichnung in der Regel in die URL integriert z. B. „at" für Land Österreich und „de" für Sprache Deutsch.

Tipp: Da die URL sehr lang sein kann, gibt es sogenannte URL Shortener (englisch to shorten = kürzen), mit denen die URL verkürzt werden kann, um sie z. B. bei Twitter zu verwenden, wo durch die Beschränkung auf 140 Zeichen der Platz nicht ausreichend sein kann. Geben Sie in einer Suchmaschine den Suchbegriff „URL kürzen" ein, um einen entsprechenden Dienst zu finden.

V

Verlinkungen

Es gibt Verlinkungen von einer Website zu einer anderen Website. Unter Umständen gibt es auf der verlinkten Website wieder eine Verlinkung zurück.

Es gibt aber auch interne Verlinkungen, z. B. von der Startseite zur Produktübersicht.

Verlinkungen sind ebenfalls wichtig für das Ranking (englisch = Rangfolge), da sie als Empfehlung gewertet werden. Die Links müssen allerdings qualitativ hochwertig sein, d. h. thematisch zur Website passen. Wenn Sie Links wahllos kaufen, kann sich das negativ auf Ihr Ranking auswirken (siehe auch unter „Backlinks").

Tipp: In der Regel besteht die Möglichkeit bei Verlinkungen anzugeben, ob die Seite im gleichen oder in einem neuen Fenster geöffnet werden soll. Wählen Sie „neues Fenster" aus. Es ist sehr ärgerlich, wenn man die neue Seite schließen und auf die vorhergehende Seite möchte, dabei aber die komplette Website schließt und neu aufrufen muss.

Vlog
Ein Vlog (Zusammensetzung aus Video und Blog (siehe unter „Blogs")) ist eine Website, bei der es ähnlich wie beim Blog regelmäßig neue Einträge gibt, die aber fast immer in Videoform sind.

W
Web
Als Standard sind Sie in Google im Menü Web. Nachfolgend ein paar Erläuterungen über den Aufbau der Seite:

- Oben in einem farblich abgehobenen Teil 3 bezahlte AdWords-Anzeigen (siehe unter „Google AdWords"), auch gesponserte Ergebnisse genannt, von Anbietern, die Waschmaschinen verkaufen. D. h. diese 3 Firmen haben eine kostenpflichtige Google-Kampagne erstellt, um ganz oben zu erscheinen in der Hoffnung, dass möglichst viele auf die Anzeige klicken und dann auf der entsprechenden Website etwas kaufen, ein Kontaktformular ausfüllen, anrufen oder sich für einen Newsletter registrieren.

Anmerkung: Laut Untersuchungen schaut ein Internetbesucher zuerst/hauptsächlich oben, es sei denn, es sind Bilder vorhanden, die Text vorgezogen werden. Experten schauen unten bei den organischen (nicht bezahlten) Suchergebnissen, da diese wissen, dass die Anzeigen oben bezahlte Suchergebnisse sind. Auf der rechten Seite unter dem Wort Anzeigen sind weitere 8 Anbieter (ebenfalls kostenpflichtig).

Über diesen 8 Anzeigen können, je nach Suchbegriff, auch Anzeigen mit Bild erscheinen.

- Unter den 3 bezahlten Anzeigen gibt es 10 sogenannte organische Suchergebnisse von Anbietern. D. h. diese Websites sind suchmaschinenoptimiert (siehe unter „Suchmaschinenoptimierung"), so dass sie auch ohne Bezahlung von der Suchmaschine gefunden werden, weil sie Informationen bieten, die zum gewählten Suchbegriff passen, also relevant sind (siehe unter „Relevanz"). Von Google werden bei Suchanfragen Suchergebnisse hinzugefügt wie z. B. AdWords-Anzeigen und die Branchenergebnisse aus Google Maps (siehe unter „Google Maps").

- Ganz unten werden noch verwandte Suchanfragen zum Suchbegriff angezeigt (z. B. „Waschmaschinen Ersatzteile").

- Je nach Suchbegriff können bereits auf der 1. Seite Ergebnisse von Google Maps angezeigt werden, d. h. Sie sehen Anbieter, die in der Nähe von Ihrem Standort sind (siehe unter „Google Maps").

Anmerkung: In der Regel schauen sich die meisten Besucher nur die erste Seite der Suchergebnisse an. Nur wer da nichts Passendes findet, sucht auf der nächsten Seite weiter oder gibt einen anderen Suchbegriff ein.

Es gibt noch weitere Menüs oben neben Web:

Google Bilder
Hier sehen Sie Bilder zu Ihrem Suchbegriff. Wenn Sie mit der Maus über das Bild fahren, erscheint eine Hand und ein Feld mit einer kurzen Beschreibung. Mit Klick auf den Link (ist immer unterstrichen) unter dem Bild oder Doppelklick auf das Bild erscheint ein neues Fenster, wo Sie die Website zum Bild aufrufen oder das Bild in Vollgröße anschauen können.

Anmerkung: Bei manchen Suchbegriffen sieht man die ersten 6 Bilder von Google Bilder auf der 1. Seite Web (siehe unter „Web").

Google Maps
Hier finden Sie Einträge von Anbietern in der Nähe von Ihrem Standort (der Ort, wo Sie wohnen bzw. den Sie manuell als Standort eingetragen haben auf der Seite mit den Webergebnissen, siehe unter „Web"). Die Einträge haben ein kleines rotes Fähnchen mit einem Buchstaben. A liegt am nächsten zu Ihrem Standort, B ist weiter weg, usw. Wenn Sie auf den Namen der Firma links klicken, erscheint rechts die Karte für die Anfahrt und eine Sprechblase mit der kompletten Adresse. Wenn Sie auf „mehr Infos" rechts neben dem Namen in der Sprechblase klicken, sehen Sie den kompletten Eintrag der Firma.

Tipp: Wenn Sie in einem Verein sind (z. B. Aquarien- oder Karateverein), könnte ein Eintrag sinnvoll sein, damit interessierte Menschen aus Ihrer Region auf Ihren Verein aufmerksam werden. Für Firmen oder bestimmte Berufsgruppen, wie z. B. Ärzte, Physiotherapeuten,

Hebammen, etc. sind solche Einträge eine lokale Werbung.

Anmerkung: Bei manchen Suchbegriffen sieht man Google Maps Einträge auf der 1. Seite Web (siehe auch unter „Web").

Google Shopping
Wenn Sie oben ins Menü Shopping klicken oder weiter unten bei den Bildern auf „Shopping-Ergebnisse für Waschmaschinen", sehen Sie diverse Anbieter von Waschmaschinen, die ein Modell mit Bild, Informationen und Preis anbieten. Wenn es mehrere Anbieter zu einem Modell gibt, können Sie Preise vergleichen. Der Endpreis ist dann mit Versandkosten.
Bei Verkäufern mit Sternchen (bis zu 5 sind möglich) liegen Erfahrungsberichte vor.
Anmerkung: Bei manchen Suchbegriffen sieht man Shopping Ergebnisse auf der 1. Seite Web (siehe auch unter „Web"). Die Produkte, die Sie hier finden, müssen vom jeweiligen Anbieter im Google Merchant Center (Google Händler Zentrum) eingestellt werden.

Wie Sie sicher gemerkt haben, sind die Suchergebnisse auf der 1. Seite Web von Google sehr unterschiedlich und es hängt vom jeweiligen Suchbegriff ab, ob Google Bilder, Maps-Einträge oder Shopping-Ergebnisse gezeigt werden, da Google immer das relevanteste Ergebnis ausgeben möchte (siehe unter „Relevanz"). Ich suche und finde fast alles nur in Web oder bei den Bildern.

Weitere Auswahlmöglichkeiten unter „Mehr":

- Videos: Kurzfilme zum Suchbegriff, z. B. bei YouTube.
- News: Berichte oder Pressemitteilungen aus Zeitungen, Internetseiten von Zeitungen zum Suchbegriff.

- Bücher: Bücher zum Suchbegriff, Sie können auch direkt auf http://books.google.de/ suchen.
- Blogs: Einträge zum Suchbegriff, siehe unter „Blogs".
- Diskussionen: Internetseiten, Foren (siehe unter „Internetforen") wo über den Suchbegriff diskutiert wird.
- Apps: Applikationen oder Anwendungsprogramme wie z. B. Spiele oder Kalender. Ein App wird z. B. für ein iPhone (Smartphone* von Apple) oder iPod (Medienabspielgerät von Apple) heruntergeladen.
  *Ein Smartphone ist ein Mobiltelefon mit Internetfunktionalität.
- Patente: angemeldete Patente zum Suchbegriff.

Suchoptionen
Hier können noch weitere Suchparameter eingestellt werden, wie z. B. die Suche nach übersetzten Seiten, Websites mit Bildern, mit einem anderen Standort (der Ort, wo Sie wohnen bzw. den Sie manuell als Standort eingetragen haben).

Web 1.0
In den frühen 90er Jahren war der Start des Web 1.0. Es wurde auch „WWW" (englisch World Wide Web = weltweites Netz) genannt. Websites verlinken auf andere Websites und teilweise wieder zurück oder auf weitere Websites.

Web 2.0
So wie eine Software mit Neuerungen eine neue Versionsnummer erhält, hat man die Tatsache, dass mittlerweile die Websitebesucher nicht nur eine Website besuchen, sondern auch Inhalte zur Verfügung stellen in Form von Kommentaren, Erfahrungsberichten, etc. Statt Web 2.0 sagt man teilweise auch Social Media (siehe unter „Social Media").

Webcast

Ein Webcast (englisches Kofferwort aus World Wide Web = weltweites Netz und broadcast = Sendung) ist ähnlich wie eine Radio- oder Fernsehsendung, aber findet im Internet statt. Oft wird das übertragene Programm aufgenommen und ist später als Aufzeichnung im Internet abrufbar.

Webinar

Ein Webinar ist eine Wortzusammensetzung aus World Wide Web (weltweites Netz) und Seminar.
Es ist ein Seminar, das online im Internet stattfindet. Viele Webinare sind kostenlos, versuchen aber zum Schluss z. B. eine DVD oder einen Kurs zu verkaufen. Es ist eine moderne Art für Firmen, Werbung zu machen.

Anmerkung: Google bietet übrigens auch Webinare an.

Tipp: Geben Sie in einer Suchmaschine z.B. „Programm Webinar" oder „Software Webinar" ein, um ein Programm zu finden, mit dem Sie selbst ein Webinar halten können.

White-Hat-SEO

Bei der White-Hat-SEO (englisch = weißer Hut Suchmaschinenoptimierung) werden die Richtlinien der Suchmaschinen eingehalten, um ein besseres Suchergebnis zu erreichen (siehe unter „Suchmaschinenoptimierung").

Widget

Ein Widget ist ein kleines Bild auf einer Website, das eine Information wiedergibt und im Hintergrund die dafür notwendige Arbeit erledigt, z. B. Besucher zählen.

Eigene Website erstellen

Anmerkung: Eine <u>Website</u> (<u>Internetauftritt</u>) oder auch <u>Homepage</u> (englisch wörtlich „Zuhauseseite") besteht aus mehreren Webseiten.

Es gibt einige Anbieter, wo Sie kostenlos eine eigene Webseite erstellen können. Natürlich ist bei allen kostenlosen Dingen ein Haken.

- Die Erstellung der Webseite ist kostenlos und Sie müssen zum Schluss dort eine Domain und Hosting kaufen, um Ihre Website zu veröffentlichen.
- Die Erstellung der Website ist kostenlos, aber der Name Ihrer Domain enthält den Namen des Anbieters und auf Ihrer Webseite machen Sie eventuell auch Werbung für den Anbieter, weil ein fester Werbekasten auf Ihrer Website integriert ist. Das können Sie dann nur mit einem kostenpflichtigen Upgrade vermeiden.
- Die Erstellung der Webseite ist kostenlos, aber Sie haben nicht alle Funktionen zur Verfügung, die zusätzlichen Funktionen erhalten Sie ebenfalls nur mit einem kostenpflichtigen Upgrade. Eine Einschränkung kann auch eine begrenzte Seitenzahl für Ihre Website sein, wo Sie dann überlegen müssen, welche Informationen Sie auf einer Seite zusammenfassen können (z. B. das Kontaktformular und das Impressum).

Der Vorteil bei diesen Anbietern ist, dass es auch Menschen, die wenig oder gar keine Erfahrung im <u>Webdesign</u> haben, relativ einfach gemacht wird, eine eigene Website zu erstellen. Man hat mehrere Vorlagen zur Auswahl und kann diese mit eigenem Inhalt (Texten und Bildern) füllen.
Allerdings benötigt man schon etwas Geduld und Hartnäckigkeit, da nicht alle Funktionen intuitiv

ersichtlich sind, man viel in der Hilfe suchen muss oder im Handbuch, wenn vorhanden. Ich wollte z. B. unbedingt einen Besucherzähler auf meiner Website haben und fand diesen dann schlussendlich bei den Widgets (siehe unter „Widgets"). Wie soll ein Laie darauf kommen?

Ich habe mir privat ein Webdesign-Programm gekauft (inklusive einer Domain mit Werbung im Domainnamen und Hosting) und 2 kostenlose Möglichkeiten genutzt, um meine eigenen Homepages zu erstellen mit den oben erwähnten Einschränkungen. Mittlerweile habe ich 2 Upgrades gemacht, 4 Domains und Hosting gekauft, um mehr Möglichkeiten zu haben, dadurch hat sich auch das Suchergebnis für diese Websites verbessert.

Für eine Firma empfehle ich keine kostenlose Website, wo im Domainnamen oder auf der Website Werbung für den jeweiligen Anbieter gemacht wird.
Außerdem muss bedacht werden, dass die Funktionalitäten für einen Online-Shop vorhanden sein sollten.

Für eine Firmenwebsite würde ich auch immer einen Anbieter empfehlen, der die Möglichkeit bietet, selbst Bilder zu ergänzen oder auszutauschen oder Texte zu ändern. In der Regel ist das kostengünstiger als jedes Mal den Webmaster (siehe unter „Webmaster") oder Programmierer darum zu bitten.

Für eine suchmaschinenoptimierte Website (siehe unter „Suchmaschinenoptimierung") ist die Aktualität von großer Bedeutung, d. h. es sollten regelmäßig Änderungen und Anpassungen gemacht werden, um ein gutes Suchergebnis mit der eigenen Website zu erzielen.

Aufbau einer Website

1. Startseite (die 1. Seite einer Website
   Die Startseite ist nicht nur suchmaschinentechnisch
   die wichtigste Seite sondern auch für
   Websitebesucher, da sie meistens die erste Seite
   ist, die jemand sieht. Besucher sollten möglichst
   schnell sehen und wissen, worum es geht und
   neugierig gemacht werden, mehr anzuschauen
   (siehe auch unter „Inhalt"). Kontaktmöglichkeiten
   sollten einfach zu finden sein. Der Satz
   „Willkommen auf unserer Website" ist nett gemeint,
   sagt aber nichts aus, weder für den Besucher, noch
   für die Suchmaschine, lieber einen Titel wählen, der
   zur Website passt und mehr anspricht.
   Die Startseite ist besonders wichtig für
   Suchmaschinen und sollte deshalb
   suchmaschinenoptimiert sein (siehe unter
   „Suchmaschinenoptimierung").
   Anmerkung: Bei Google AdWords-Kampagnen kann
   mit der Ziel-URL (siehe unter „Ziel-URL")
   eingerichtet werden, dass nicht mit der Startseite
   sondern einer anderen Seite verlinkt wird.
2. Infos über die Firma oder Person, die Seite heißt
   auch oft „Über mich" oder „Über uns".
   Bei einer Firma möchte ich persönlich immer die
   Firmengeschichte wissen, wann sie von wem
   gegründet wurde, den Werdegang und die
   Firmenphilosophie.
   Bei einer Persönlichkeit des öffentlichen Lebens
   (Schauspieler, Sänger, Sportler, etc.) sind es ein
   paar persönliche Daten und der berufliche
   Werdegang.
   Bei einer Privatperson sind es oft Hobbys, Urlaube,
   Freizeitaktivitäten, Vereine, etc., über die mit Bild
   und Text berichtet wird.
3. Infos über Produkte oder Dienstleistungen, die
   verkauft werden (oft Produktkategorien oder
   Produktfamilien genannt), gibt es meist schon auf
   der Startseite, manchmal ist auch eine Suchfunktion
   vorhanden. Meist wird nach Produktkategorien oder

Produktfamilien in Listen oder Bildern unterteilt, um das Suchen und Finden des passenden Produkts für den potentiellen Kunden zu erleichtern. Sobald Sie eine kleine weiße Hand mit ausgestrecktem Zeigefinger sehen, wenn Sie mit der Maus drüberfahren, ist eine Bildvergrößerung (gibt es auch mit einem Zeichen + oder – oder einer Lupe) oder eine Verlinkung zu einer anderen Seite (z. B. den Produktdetails) vorhanden. Wenn Sie einen Text unter dieser Hand sehen, ist das ein sogenannter Alt-Tag, der als Alternativtext eingegeben wurde, damit die Suchmaschine dieses Bild findet.

4. Aktuelles/News (Neuigkeiten)
Auf dieser Seite erfährt man aktuelle Dinge oder News über die Firma (z. B. Vorstellung eines neuen Produktes, Messeinfos), bei einem Sänger können es dann Konzerttermine sein.

5. Bildergalerie
Hier können Bilder eingestellt werden z. B. von den Produkten, die eine Firma verkauft, Bilder zu den Aktivitäten eines Vereins, Familien- oder Urlaubsbilder bei einer Privatperson.

6. Kontaktformular
Meistens kann ein komplettes Kontaktformular als eigene Seite eingefügt werden, wenn Sie ein Webdesignerprogramm mit Vorlagen verwenden. Eventuell ist sogar eine Möglichkeit vorhanden, zu bestimmen, welche Felder Sie nicht wollen oder welche Felder Mussfelder sein sollen, also obligatorisch ausgefüllt werden müssen. Diese sind in der Regel mit einem * gekennzeichnet und dem Hinweis, dass diese Felder ausgefüllt werden müssen. Für private Zwecke reichen die Felder Name, E-Mail-Adresse und Nachricht. Eventuell gibt es auch die Möglichkeit, ein Captcha einzufügen, d. h. es muss z. B. ein Code aus mehreren Buchstaben eingegeben oder eine einfache Rechenaufgabe gelöst werden, bevor das Formular gesendet werden kann. Das ist eine Möglichkeit, um Spamkontaktformulare (z. B. Nachrichten, die aus

Buchstabensalat bestehen) zu vermeiden, da sogenannte Spambots Kontaktformulare ausfüllen und so den Posteingang zumüllen. Man muss in solchen Fällen immer abwägen, ob man tatsächlich so viele Spamkontaktformulare hat und in Kauf nehmen möchte, dass potentielle Kunden verärgert sind, weil das Captcha oft schlecht lesbar ist und das Senden des Formulars deshalb nicht auf Anhieb klappt (siehe auch unter „Kontaktformular" im Lexikon).

7. Impressum (Herkunftsangabe mit Kontaktdaten)
Ein Impressum sollte für jede Homepage vorhanden sein, auch wenn es eine private Homepage ist. Ich gehe oft ins Impressum, wenn ich die Kontaktdaten nicht auf Anhieb finde oder wissen will, wer hinter der Firma steckt.
Geben Sie in einer Suchmaschine einfach den Suchbegriff „Impressum Generator" ein, dann finden Sie Websites, wo Sie Ihr eigenes Impressum erstellen können bzw. Informationen zum Thema. Ein Generator ist eigentlich eine Maschine, die Strom erzeugt, in diesem Fall erzeugt sie ein Impressum.

8. Datenschutz
In diesem Kapitel soll der Internetbesucher informiert werden, wie mit seinen Daten umgegangen wird. Daten können erfasst, verarbeitet, weitergegeben und analysiert werden. Bei einer Firmenwebsite oder einem Online-Versandhaus hinterlegen Sie Kundendaten (Adresse, Bankverbindung). Wenn die Website z. B. mit Google Analytics (siehe unter „Google Analytics") analysiert wird, ist ein Kapitel Datenschutz unumgänglich. Geben Sie in einer Suchmaschine z. B. den Suchbegriff „Datenschutz Website" ein, um sich genauer zu informieren, was hier stehen sollte.

9. Besonderheiten wie Favicons (siehe unter „Favicon") oder Widgets.
Ein Favicon empfehle ich immer, wenn es möglich ist (oft nur mit einem Upgrade), da es die Website

individualisiert und der optische Wiedererkennungswert durch das kleine Bild gesteigert wird. Geben Sie in einer Suchmaschine z. B. den Begriff „Favicon erstellen" ein, um entsprechende Websites zu finden, wo Sie ein Favicon für Ihre Website generieren können. Ein <u>Widget</u> (z. B. Besucherzähler, Währungsrechner, Uhren, Countdown) ist ein kleines Bild auf einer Website, das eine Information wiedergibt und im Hintergrund die dafür notwendige Arbeit erledigt, z. B. Besucher zählen.

10. <u>Online-Shop (Verkauf über das Internet)</u>
Auf Firmenwebsites gibt es in der Regel die Möglichkeit, online etwas zu kaufen. Dazu suchen Sie die gewünschten Produkte aus, fügen diese Ihrem Einkaufswagen hinzu (meistens das Symbol eines Einkaufswagens oder auch einer Einkaufstasche), teilweise müssen Sie vorab noch Details zum Produkt auswählen wie z. B. die Farbe oder Größe, sobald Sie fertig sind, gehen Sie zur Kasse, wo Sie entweder Ihre Kunden- und Zahlungsdaten hinterlegen müssen oder einen Login haben, weil Sie bereits Kunde sind.
Anmerkung: Wichtig sind bei einem Online-Shop, dass ein <u>Impressum</u>, das Kapitel <u>Datenschutz</u> (da bei einem Kauf Daten erfasst werden, siehe unter „Datenschutz") und <u>AGBs (Allgemeine Geschäftsbedingungen)</u> vorhanden sind. Die AGBs müssen vom Käufer akzeptiert werden, sonst kann der Auftrag nicht versendet werden. Außerdem müssen Informationen zum Preis, den Versandkosten, Widerrufsrecht und Rückgabe vorhanden sein. Oft sind solche Angaben bei den AGBs oder in einem separaten Kapitel zu finden. Geben Sie den Suchbegriff <u>„AGB Generator"</u> oder „AGB Generator Onlineshop" ein, dann finden Sie Seiten, wo Sie mit Muster- oder Echtdaten AGBs für sich oder Ihre Firma generieren können (siehe auch unter „Online-Shop" im Lexikon).

11. FAQ (frequently asked questions = häufig gestellte Fragen): Hier finden Sie häufig gestellte Fragen z. B. zu den Produkten, Lieferzeiten, Rücknahme, etc.
12. Google Analytics (siehe unter „Google Analytics") Google Analytics ist ein kostenloser Dienst von Google, um eine Website zu analysieren (siehe auch unter „Datenschutz"). Durch verschiedene Statistiken kann der Website-Betreiber erfahren, wie die Besucher auf die Website gekommen sind und Details zum Aufenthalt auf der Website erhalten. Um Google Analytics zu nutzen, muss ein JavaScript Code auf den entsprechenden Webseiten eingebunden werden. Diesen Code kann man entweder selbst in einem Feld für den Code für Google Analytics oder bei den Webeigenschaften bei den HTML-Codes einfügen oder man überlässt das dem Webmaster. Ein Webmaster plant, entwickelt und gestaltet eine Website (Bilder und Texte). Er ist auch für technische Probleme oder Verbesserungs-vorschläge verantwortlich.
13. Conversion-Tracking Das Tracking (Spurführung oder Nutzer-Verfolgung) ermöglicht es, Nutzerbewegungen im Internet zu verfolgen. Hier soll analysiert werden, welche Suchbegriffe zu einer Conversion (z. B. eine Online-Bestellung, Ausfüllen eines Kontaktformulars, Registrierung für einen Newsletter) geführt haben.

Anmerkung: Das ist der Aufbau einer klassischen Website, wie man sie heute auch noch oft sieht. Auf modernen Websites werden immer häufiger Videos und QR-Codes (siehe unter „QR-Codes") verwendet. Es wird versucht, den Websitebesucher mit knappen, aussagekräftigen Punkten möglichst schnell zu einer Handlung (z. B. Download einer PDF-Datei, Anmeldung zu einem Webinar) oder einer Kontaktaufnahme zu animieren.
Spezielle Dinge wie z. B. die allgemeinen Geschäftsbedingungen sollten eventuell von einem Anwalt geprüft werden.

Google Analytics

Mit Google Analytics und Tracking kann der Erfolg im Online Marketing gemessen werden. Bei einer kostenlosen Website kann es sein, dass Google Analytics nur mit einem Upgrade verwendet werden kann.

Anmerkung: Das englische Wort <u>Traffic</u> wird für den <u>Verkehr</u> auf einer Website (die Websitebesucher) verwendet.

Folgende Daten können auf einer Website in Google Analytics gemessen werden und sind unter <u>Standardberichte</u> zu finden:

Echtzeit
- Übersicht (Angaben über aktive Besucher auf der Website),
- Standorte (Angaben über Land und Städte der Besucher auf der Website),
- Besucherquellen (woher die Besucher der Website kommen),
- Content (Angaben über aktive Seiten, Seitenaufrufe der Besucher auf der Website),
- Ereignisse (Angaben über Ereignisse (Nutzeraktionen mit Inhalt, z. B. ein Download) auf der Website),
- Conversions (Angaben zu Ziel-URLS (z. B. Ihr Google+ Profil) und Zieltreffer, siehe unter „Conversions").

Besucher
<u>Übersicht:</u>
- In einem Kuchendiagramm finden Sie in der Übersicht Angaben in Prozent wie viele Besucher neu (d. h. das 1. Mal auf Ihrer Website waren) und wie viele Besucher wiederkehrend waren (d. h. schon zum

wiederholten Mal auf der Website waren).
Außerdem Informationen über:

- Gesamtzahl der Besuche.
- Eindeutige Besucher (diese Zahl ist immer geringer als die Zahl der Besuche, da viele Besucher eine Website aufrufen, aufgrund technischer Probleme eine andere Seite laden oder den Browser (siehe unter „Browser") wechseln müssen.
  Anmerkung: In Google AdWords wird das als ungültiger Klick rausgefiltert, in Google Analytics soll aber der gesamte Traffic (wörtlich „Verkehr", in diesem Fall der Datenverkehr) gemessen werden.
- Die Gesamtzahl der Seitenaufrufe.
- Seiten/Besuch (Anzahl der aufgerufenen Seiten pro Besuch).
- Durchschnittliche Besuchsdauer (Angabe in Minuten/Sekunden, wie viel Zeit jemand auf der Website verbracht hat).
- Absprungrate: Angabe in Prozent über die Besucher, die die Website bereits auf der 1. Seite verlassen haben.
- Neue Besuche: Angabe in Prozent über den Anteil an neuen Besuchen.

Demographische Merkmale:

- Sprache: Die Sprache der Besucher auf Ihrer Website, die an Hand der Einstellung im Browser festgestellt wird (siehe auch unter „Browser"). Wenn die Website nur auf Deutsch ist, wird hier nur „de" oder „de-de" angegeben.
  Anmerkung: Wenn Sie nicht sicher sind, was die Kürzel bedeuten, geben Sie in einer Suchmaschine einfach den Suchbegriff „Länderkürzel ISO 3166" ein, dann finden Sie eine Länderliste.
- Standort: Land/Gebiet und Städte: Aus welchen Ländern und Städten die Besucher auf Ihrer

Website waren.

Verhalten:

- Neu und wiederkehrend: Anzahl der Besucher, die neu bzw. das 1. Mal auf der Website sind und Anzahl der Besucher, die bereits das 2. oder wiederholte Mal auf der Website sind, weil sie sich z. B. den Link gespeichert haben, um zu einem späteren Zeitpunkt auf die Website zurückzukehren.
- Häufigkeit und Aktualität: Anzahl der Besuche, die 1, 2, 3, 4, etc. Male auf der Website waren und wie viele Seiten beim Besuch aufgerufen wurden.
- Interesse: Die Besuchsdauer unterteilt in verschiedene Zeitfenster (z. B. 0 – 10 oder 31 – 60 Sekunden) und die Anzahl der Seitenaufrufe.

Technologie:

- Browser- und Betriebssystem (z. B. Internet Explorer, Firefox, Chrome, Safari).
- Anbieter: (z. B. Deutsche Telekom, Arcor AG)

Mobil:
Unter Übersicht und Geräte finden Sie Details zu den verwendeten Geräten, auf denen Ihre Website aufgerufen wurde.

Anmerkung: Da das Internet nicht nur an einem PC (Personal Computer), sondern auch auf Handys, Tablets, etc. verfügbar ist, ist diese Information wichtig, wenn Sie AdWords-Kampagnen (siehe unter „Google AdWords") erstellen und Ihre Anzeige auf das jeweilige Gerät abstimmen möchten (z. B. betreffend Größe des Displays und der Lesbarkeit).

Benutzerdefiniert:
Es können benutzerdefinierte Variablen und Werte für Ihre Website erstellt werden, um z. B. speziell die

Besucher genauer zu analysieren, die mehr als 1 Mal
auf Ihrer Website waren.

Besucherfluss:
Hier finden Sie eine grafische Darstellung der Besuche
und der aufgerufenen Seiten.

Besucherquellen:
- Übersicht: Kuchendiagramm mit Angaben in
  Prozent wie viele Besucher über Verweise auf
  die Website gekommen sind, d. h. sie sind über
  eine andere Website auf die Website
  gekommen, wie viele Besucher direkt auf die
  Website zugegriffen haben, d. h. jemand hat
  direkt die Internetadresse der Website
  eingegeben, weil er sich diese gespeichert
  hatte oder direkt aufgerufen hat nach Erhalt
  eines Mailings oder eines Werbemittels (siehe
  unter „Offline Promotion) und wie viele
  Besucher über eine Kampagne (siehe unter
  „Google AdWords Kampagne") auf die Website
  gekommen sind.
- Quellen: Hier sehen Sie alle Zugriffe, die
  direkten Zugriffe oder die Verweise.
- Unter Suche sehen Sie eine Übersicht,
  organisch und bezahlt.
- und Kampagnen, d. h. Sie können
  unterscheiden, wie viele Besucher organisch
  auf Ihre Website gekommen sind, weil Ihre
  Website bei den organischen (nicht bezahlten)
  Suchergebnissen (siehe unter „organische
  Suchergebnisse") erschienen ist oder ob die
  Besucher durch eine bezahlte AdWords-
  Kampagne (siehe unter „Google AdWords") auf
  Ihre Website gekommen sind.
- Suchmaschinenoptimierung: Hier finden Sie
  Informationen zu den Suchanfragen (was
  eingegeben wurde in der Suchmaschine, bevor
  jemand auf die Website gekommen ist),
  Zielseiten (welche Seiten der Website

aufgerufen wurden) und eine geographische Zusammenfassung (z.B. Deutschland bei einer deutschsprachigen Website).
Anmerkung: Um diese Daten zu sammeln, muss eine Webmaster-Tools-Datenfreigabe für Ihre Web-Property in Google Analytics aktiviert werden. D. h. Sie müssen die Inhaberschaft für Ihre Domain bestätigen, indem Sie oder Ihr Webmaster einen Code von Google auf Ihrer Website einfügen. Dazu müssen Sie den HTML-Code (Hypertext Markup Language Code) auf Ihrer Website bearbeiten können. Mit solchen Codes können Sie dann erreichen, dass Daten gemessen werden für Google Analytics oder anstelle eines Platzhalters z. B. ein Favicon (siehe unter „Favicon") auf Ihrer Website ergänzt werden soll.

- Soziale Netzwerke
  Einige Besucher kommen über soziale Netzwerke wie z. B. Twitter oder Google+ (siehe unter „Twitter" bzw. „Google+") auf eine Website. Da dort auch Empfehlungen, was gefällt, ausgesprochen und (mit)geteilt werden, gewinnen diese Netzwerke immer mehr an Bedeutung und es ist für die eigene Website wichtig zu wissen, wie jemand auf die Website gekommen ist. Details dazu sind dann in den folgenden Menüs zu finden: Netzwerkverweise (von wo die Besucher kommen), Daten-Hub-Aktivität (Bericht, in dem die sozialen Aktivitäten in Partnernetzwerken (z. B. Delicious, Google+ oder Reddit) aufgeführt werden), Zielseiten (aufgerufene Seiten der Website), Trackbacks (englisch = Zurückverfolgungen, Bericht mit welchem Kontext welche Websites auf Ihre Inhalte verweisen), Conversions (Ziele wie ein Kauf, Ausfüllen eines Kontaktformulars, Registrierung für einen Newsletter), Plug-ins (Schnittstellen zu sozialen Netzwerken wie z. B. Google+) und Besucherfluss (von wo die Besucher

gekommen sind und welche Seiten sie besucht haben).

- Kostenanalyse: Hier kann ein Datenvergleich von verschiedenen Suchmaschinen, Suchbegriffen und Kampagnen gemacht werden.

Werbung:
Wenn Sie eine Google Kampagne für Ihre Website erstellt haben, finden Sie unter AdWords (siehe unter „Google AdWords") Informationen zu folgenden Punkten:

- Kampagnen: Durch welche Kampagne jemand auf Ihre Website gekommen ist.
- Keywords: Suchbegriffe aus der Kampagne.
- Passende Suchanfragen: Mit welchen Suchbegriffen jemand auf Ihre Website gekommen ist.
- Tagesabschnitte: Unterteilt in verschiedene Zeitfenster sehen Sie, zu welcher Uhrzeit die Besucher auf Ihrer Website waren.
- Ziel-URLs Zeigen die Internetadressen der Webseiten, die die Besucher aufgerufen haben.
- Placements: Zeigen die Internetadressen von Fremdwebsites, auf denen Ihre Anzeigen erschienen sind, siehe auch unter „Werbebanner" bzw. „Display-Anzeigen".
- Keyword-Positionen: An welcher Stelle Ihre Anzeige erschienen ist, optimal wäre natürlich, unter den ersten 3 Anzeigen zu sein.

Content (englisch = Inhalt):
- In der Übersicht sehen Sie die Gesamtzahl der Seitenaufrufe, eindeutige Seitenaufrufe (diese Zahl ist immer geringer als die der Seitenaufrufe, da z. B. durch technische Probleme eine andere Seite geladen wird oder in einem anderen Browser die Website geöffnet wird), die durchschnittliche Besuchszeit auf der

Seite, die Absprungrate in Prozent, die Ausstiege in Prozent, die Seitentitel (siehe unter „Seitentitel"), Suchbegriffe und Ereignisse (Nutzerinteraktionen wie z. B. Downloads, Anschauen eines Videos).

Anmerkung: Die Ausstiegsrate gibt in Prozent an, welcher Teil der Seitenaufrufe, die letzten in der Sitzung waren. Die Absprungrate in Prozent gibt an, welcher Teil der Seitenaufrufe der einzige Seitenaufruf in der Sitzung war. D. h. bei der Absprungrate haben die Besucher nur eine einzige Seite der Website angeschaut, bei der Ausstiegsrate mehr als eine Seite.

- Website-Content mit den Untermenüs alle Seiten (alle aufgerufenen Seiten nach Seiten), Aufschlüsselung nach Content (alle Seiten mit Seitenpfadebene (Pfad/URL) der einzelnen Seiten, sieht ähnlich aus wie alle Seiten), Zielseiten (aufgerufene Seiten) und Ausstiegsseiten (auf welchen Seiten die Website verlassen wurde).

- Website-Geschwindigkeit mit den Untermenüs Übersicht, Seiten-Timings und Nutzer-Timings. Hier finden Sie Zeitangaben in Sekunden über die Seitenladezeit, Dauer der Weiterleitung, Domain-Suchzeit, Serververbindungszeit, Serverantwortzeit, Seiten-Download-Zeit. *Anmerkung:* Diese Zeiten sollten möglichst kurz sein, keiner wartet gerne ewig, bis die gewünschte Seite angezeigt wird (siehe auch unter „Ladezeit").

- Site Search (Seitensuche) mit den Untermenüs Übersicht, Nutzung, Suchbegriffe, Seiten. *Anmerkung:* Um hier Daten zu messen, müssen Sie im Google Analytics Profil Ihrer Website diese Funktion aktivieren und Suchparameter einstellen.

- Ereignisse mit den Untermenüs Übersicht, häufigste Ereignisse, Seiten und Ereignisfluss. Hier werden Daten zu Ereignissen

(Nutzerinteraktionen wie z. B. Downloads, Anschauen eines Videos) gemessen. *Anmerkung:* Muss genauso wie die Site Search (siehe unter „Site Search") vorher im Profil aktiviert werden.

- AdSense mit den Untermenüs Übersicht, AdSense-Seiten und AdSense-Verweis-URLs. AdSense ist ein Werbenetzwerk von Google im Internet, wo relevante Anzeigen (siehe unter „Relevanz") außerhalb des Google-Netzwerks gezeigt werden. Bei AdWords werden die Anzeigen innerhalb des Google-Netzwerks gezeigt. *Anmerkung:* Auch diese Funktion muss im Profil aktiviert werden.

- Tests: Wenn Sie eine bestimmte Seite Ihrer Website ändern wollen, können Sie hier einen Test einrichten, indem Sie die URL für jede Variante eingeben, um dann einen Test durchzuführen, welche Variante bei Websitebesuchern am besten ankommt und dann genau diese Variante auf der Website zu verwenden. In der Regel ist auf einer solchen Seite eine Conversion möglich, dass z. B. jemand etwas kaufen kann. Die Seite mit der höchsten Zahl an Conversions, in diesem Fall Käufen, ist dann die erste Wahl.

- In-Page-Analyse: Hier sehen Sie Angaben zu Seitenaufrufen, eindeutigen Seitenaufrufen, durchschnittliche Besuchszeit auf der Seite, durchschnittliche Seitenladezeit, Absprungrate und Ausstiege. Betreffend Unterschied zwischen Absprungrate und Ausstiege siehe unter „Absprungrate/Ausstiege". Bei der In-Page-Analyse soll visuell das Verhalten von Websitebesuchern auf der Webseite beurteilt werden, um herauszufinden, welche Seiten aufgerufen werden, ob die Besucher das finden, was sie suchen. Sie können hier direkt im Google Analytics-Konto die Seite auf Ihrer

Website wechseln (z. B. über die Menüs oder Reiter (Karteikarten)) und die o. g. Informationen für jede Seite abrufen und vergleichen.

Conversions:

- Menü 1: Ziele mit den Untermenüs Übersicht, Ziel-URLs, Zielpfad umkehren, Trichter-Visualisierung, Zielprozessfluss. Ziele sind Conversions wie z. B. Käufe, ein Kontaktformular ausfüllen, Registrierung für einen Newsletter, eine Aktion, die der Websitebesucher beim Besuch ausführen soll. Um hier Daten zu messen, müssen Ziele und ein sogenannter Trichter eingerichtet werden, d. h. Sie geben an, welche Schritte ein Websitebesucher durchlaufen muss, bis er am Ziel ist. Sie können dann sehen, wie der Besucher auf die Seite der Conversion gekommen und wo er abgesprungen ist, da nicht jeder einen Bestellvorgang komplett bis zur Bestellung durchläuft, sondern bei jedem einzelnen Schritt abspringen, d. h. es sich anders überlegen kann und doch nichts kauft. Die Seiten mit den höchsten Absprungraten sollten Sie sich dann genauer anschauen, ob sie eventuell optimiert werden müssen, so dass der Besucher den Bestellvorgang fortführt.
- Menü 2: E-Commerce (electronic commerce = elektronischer Geschäftsverkehr) mit den Untermenüs Übersicht, Produktleistung (z. B. total verkaufte Menge), Verkaufsleistung (z. B. Umsätze), Transaktionen (Informationen zum Umsatz, den Steuern, Versandkosten und Mengen), Zeit bis zum Kauf (Zeit vom 1. Besuch bis zur Transaktion und die Anzahl aller Besuche bis dahin). Hier wird der Ablauf ein Produkt zu kaufen analysiert, um zu erfahren, welche Schritte man unternehmen könnte, um die Umsätze zu steigern, z. B. den

Bestellvorgang zu vereinfachen (siehe auch
unter „Online-Shop").

- Menü 3: Multi-Channel-Trichter (wörtlich
  „Mehrfach-Kanal-Trichter") mit den Untermenüs
  Übersicht, vorbereitete Conversions, Top-
  Conversion-Pfade, Zeitintervall, Pfadlänge. Hier
  soll genau analysiert werden, über welchen
  Weg jemand auf Ihre Website gekommen ist,
  bevor er etwas gekauft hat, um dort gezielt die
  Werbung zu verstärken.

Standardberichte aus Google Analytics
Sie können die Berichte aus Google Analytics in
verschiedenen Formaten (z. B. CSV oder PDF)
runterladen und per E-Mail versenden.

Erweiterte Segmente (Segment = Ausschnitt, Teil)
Sie können die Berichte aus Google Analytics anpassen,
indem Sie aus den Standardsegmenten wählen (z. B.
neue Besucher, bezahlte Suchzugriffe, Besuche mit
Conversions, etc.) oder benutzerdefinierte Segmente
anlegen (z. B. ein Bericht für eine bestimmte Kampagne,
ein bestimmtes Land, etc.).

Widgets
Sie können den Berichten aus Google Analytics auch
Widgets hinzufügen, um z. B. die Besucher eines
bestimmten Landes nach Trafficquellen (von wo die
Besucher auf die Website gekommen sind) in Echtzeit
abzubilden:
Beim Standard können Sie Messwert, Verlauf,
Landkarte, Tabelle, Kreisdiagramm und Balken wählen.
Bei Echtzeit Zähler, Verlauf, Landkarte und Tabelle.

Suchmaschinenmarketing und -optimierung

> **Tipp:** Denken Sie immer daran, eine Suchmaschine sieht nichts, sie kann nur lesen, deshalb ist es so wichtig, der Suchmaschine zu sagen, was auf einem Bild ist bzw. ihr den Inhalt einer Seite mitzuteilen.

Suchmaschinenmarketing (SEM = Search Engine Marketing)

Das Suchmaschinenmarketing setzt sich aus Suchmaschinenwerbung (SEA = Search Engine Advertising) und Suchmaschinenoptimierung (siehe unter „Suchmaschinenoptimierung") zusammen. Bei der Suchmaschinenwerbung versucht eine Firma durch gesponserte Links (bezahlte Verlinkungen auf eine Website, z. B. bei Google durch AdWords-Kampagnen (siehe unter „Google AdWords"), dass die eigene Website bei Suchanfragen möglichst weit oben erscheint.

Suchmaschinenoptimierung (SEO = Search Engine Optimization)

Der PageRank und die Ranking Kriterien sind für die Suchmaschinenoptimierung wichtig.

PageRank (Seitenrang)

Der Seitenrang von Google dient zur Berechnung, wie wichtig eine Website ist, d. h. wie weit oben sie bei den organischen (nicht bezahlten) Suchergebnissen erscheint.

Ranking Kriterien (englisch ranking = Rangfolge)

Ranking Kriterien sind Merkmale, die bestimmen, wie weit oben eine Website bei den organischen Suchergebnissen erscheint, also die nicht bezahlten Ergebnisse von suchmaschinenoptimierten Websites (siehe unter „Suchmaschinenoptimierung"). Nachfolgend einige Kriterien:

- Aussagekräftige Überschriften bzw. Titel für jede einzelne Webseite.
- Suchbegriffe im Title-Tag (Seitentitel, Inhalt einer einzelnen Seite).
- Links, die zum Thema der Website passen (siehe unter „Backlinks" und „Verlinkungen").
- Übersichtliche Struktur der Links einer Website (siehe auch unter „Navigation").
- Suchbegriffe in der Domain/Subdomain (siehe unter „Domain" bzw. „Subdomain"), wenn z. B. das Wort Fahrrad in der Domain eines Anbieters enthalten ist, der Fahrräder verkauft.
- Wenn Sie verschiedene Domains (siehe unter „Domains") besitzen, sollte der Inhalt jeder Domain individuell sein, ebenso die einzelnen Seiten, d. h. Wiederholungen vermeiden, kein Kopieren von anderen Websites und übersichtlich nach Thema sortieren, z. B. eine Seite über die Firmengeschichte, eine über die Produkte, eine mit den Kontaktdaten, etc.
- Wie alt die Website ist, kurz gesagt: je älter, desto besser für das Suchergebnis.
- Suchbegriffe auf den einzelnen Seiten, d. h. wenn Sie Fahrräder verkaufen, sollte dieser Suchbegriff auch auf allen Seiten auftauchen, wo Sie über die Produktion, Qualität, Preise, etc. von Fahrrädern schreiben. Der Inhalt muss gut formuliert sein.
- Suchbegriffe in den Überschriften: Überschriften sind ein wichtiger Punkt auf jeder Seite und sollten möglichst schnell Aufschluss darüber geben, worum es auf dieser Seite oder in diesem Absatz geht.
- Suchbegriffe in den Alt-Tags (siehe unter „Alt-Tags").
- Suchbegriffe in den Dateinamen von Bildern, PDF-Dateien, die man von der Website herunterladen kann. Verwenden Sie für Bilder und Fotos auf einer Website aussagekräftige Dateinamen, nicht die Namen, die eine Kamera

automatisch vergibt. Also nicht P1234567.JPG, sondern z. B. schrank_modell_a45.JPG. Binde- statt Unterstriche sind auch möglich.
Die <u>Dateinamen</u> sollten bei Bildern eindeutig sein, damit die Suchmaschine nicht nur anhand des Alt-Tags weiß, was auf dem Bild ist.

- <u>Suchbegriffe</u> z. B. **fett** oder *kursiv* <u>markieren</u>, um deren Bedeutung für die Suchmaschine zu erhöhen.
- <u>Suchbegriffe</u> sollten am <u>Textanfang oder Textende</u> stehen.
- Regelmäßig den Inhalt der Website <u>aktualisieren</u>, z. B. Neuigkeiten im Kapitel News, neue Produkte erfassen, Bilder austauschen, Texte neu schreiben.

Anmerkung: Der Suchbegriff darf allerdings nicht so häufig auftauchen, dass es als Keyword Stuffing bezeichnet wird (siehe unter „Keyword Stuffing").

<u>Meta Data (Metadaten)</u>
Metadaten sind Daten, die eine Website bzw. die einzelnen Seiten genauer beschreiben und bestehen aus:

- <u>Meta Title (Seitentitel)</u>
- <u>Meta Description (Seitenbeschreibung)</u>
- <u>Meta Keywords (Seitenschlagworte)</u>

Bei einer Suchanfrage sucht Google nicht nur direkt auf der Website, sondern auch in den Metadaten, um ein möglichst relevantes Ergebnis anzuzeigen (siehe auch unter „Relevanz"). Deshalb ist es wichtig, dass auch diese Daten im Hintergrund separat für jede Seite gut gepflegt sind, damit Ihre Website gefunden wird.

<u>Bildunterschriften</u>
Für die Suchmaschinenoptimierung empfehle ich für jedes Bild eine Bildunterschrift, bei Produkten kann das z. B. die genaue Produktbezeichnung sein.

Alt-Tags (Alt-Attribute)/Alternativtexte
Zusätzlich zu den Bildunterschriften empfehle ich Alt-Tags/Alternativtexte, die beschreiben, was sich auf dem Bild befindet.

Anmerkung: Manche Benutzer verwenden einen einfachen Text-Browser oder haben das automatische Laden von Bildern deaktiviert. Für Blinde ist es ebenfalls eine Möglichkeit zu erfahren, was auf den Bildern ist.

Über das Alt-Attribut kann ein Alternativtext mit einer Bildbeschreibung hinterlegt werden.
Beim (Titel-Attribut) kann eine etwas ausführlichere Beschreibung des Bildes hinterlegt werden.
Der Inhalt des Titel-Attributs wird im Browser als Tooltip (Werkzeughilfe, ein kleines Fenster mit einem Text) beim mouse over (Maus-Überfahren) des Bildes angezeigt. Je nach Browser wird kein Text angezeigt, wenn Sie nur ein Alt-Attribut, aber kein Titel-Attribut hinterlegt haben.

Tipp: Pflegen Sie ein Alt-Attribut und ein Titel-Attribut.

Backlinks (Rückverweise) oder Verlinkungen
Ein Backlink verweist von einer Website auf eine andere. Die Website, auf die verwiesen wird, kann dadurch suchmaschinentechnisch optimiert werden, da dieser Verweis als Empfehlung gewertet wird.
Selbstverständlich sollten solche Verweise auch passen, jemand, der sich auf einer Website für Küchengeräte befindet, will sich wahrscheinlich nicht plötzlich Schuhe anschauen. Wikipedia ist ein sehr schönes Beispiel, wie sinnvoll verlinkt wird. Man kann sich einen Eintrag zu einem bestimmten Thema anschauen und von dort aus in andere Einträge verzweigen, die zum Thema gehören.
Backlinks spielen auch für den PageRank (Seitenrang, siehe unter „PageRank") eine wichtige Rolle.

Navigation

Die Navigation ist ein wichtiger Punkt bei jeder Website.
Im Auto wird sie benutzt, um an einem bestimmten Ort
anzukommen. Auf einer Website bedeutet eine gute
Navigation, dass der Websitebesucher leicht findet, was
er sucht, durch übersichtliche Menüs, Reiter
(Karteikarten), Schaltflächen zum Klicken (z. B. mit der
Beschriftung „in den Einkaufswagen", wodurch man zum
Online-Shop weitergeleitet wird, oder „Details", wo man
dann die Produktdetails findet) oder einer Sitemap
(siehe unter „Sitemap").

Tipp: Die Beschriftung der Menüs, Reiter (Karteikarten)
und Schaltflächen sollte aussagekräftig, eindeutig und
nicht zu lang sein, damit der Websitebesucher sofort
weiß, was er findet, wenn er dort klickt.

Sitemap (Seitenübersicht)

Eine Sitemap ist das Inhaltsverzeichnis einer Website.
Man sieht dort, welche einzelnen Seiten es gibt und
kann diese mit einem Mausklick direkt aufrufen. Sie
vereinfacht auch die Navigation auf der Website.

Tipp: Geben Sie in einer Suchmaschine z. B. „Sitemap
Generator" ein, um eine Sitemap für Ihre Website zu
generieren.

Soziale Netzwerke

Zur Website und Suchmaschinenoptimierung gehören heute auch soziale Netzwerke, da sie von der Website zum sozialen Netzwerk und vom sozialen Netzwerk auf die Website verlinken.

Tipps für die Auswahl eines sozialen Netzwerkes:

Facebook für die private Nutzung zum Finden von Freunden, Bekannten, ehemaligen Klassenkameraden, Kommilitonen, Kollegen, etc., um Fotos und Informationen auszutauschen. Vereinsmitglieder werden über Facebook oft schneller erreicht als per E-Mail, da über Facebook in der Regel täglich gepostet wird, aber nicht täglich E-Mails abgerufen werden. Firmen, die Konsumgüter verkaufen wie z. B. Coca-Cola oder Disney, erreichen in Facebook ihre Zielgruppe.

Kurznachrichten über Twitter für alle Nachrichten, bei denen maximal 140 Zeichen ausreichend sind. Twitter ist durch die Kürze ideal für die Ansicht auf Mobilgeräten. Es kann auch ein Link oder ein Bild mitgeschickt werden.

Vielfalt an Möglichkeiten bei Google+, einer internationalen Plattform ohne Zeichenbeschränkung wie bei Twitter. Es kann ein Foto, Video, Link oder eine Veranstaltung hinzugefügt werden. Die Beiträge können später noch bearbeitet oder gelöscht werden. Da Google in Europa die beliebteste Suchmaschine ist, hat es einen positiven Einfluss auf das Ranking, wenn eine Google+ Seite (siehe unter „Google+ Seite") vorhanden ist. Gilt auch für Google Local (lokaler Eintrag bei Google), damit Ihre Firma lokal gefunden wird. Zusätzlich gibt es bei Google Communities (siehe unter „Google Communities"), denen man beitreten kann, um über bestimmte Themen zu diskutieren.

Job-, Kunden- oder Geschäftspartnersuche über Xing für den deutschsprachigen Raum, international LinkedIn.

Xing gibt es übrigens auch in Spanien. Bei beiden Netzwerken kann in Gruppen über spezielle Themen diskutiert werden.

<u>Visuelle Werbung mit flickr, Pinterest oder YouTube</u> ist ansprechender als reiner Text.
Auf <u>flickr</u> können Sie Bilder, Infografiken und Videos hochladen und die von anderen als <u>Favoriten</u> kennzeichnen und kommentieren.
Auf <u>Pinterest</u> können Sie ebenfalls Bilder, Infografiken und Videos hochladen und bei anderen Einträge mit „Gefällt mir" kennzeichnen, kommentieren oder an Ihre eigene <u>Pinnwand</u> <u>repinnen</u>.
Sowohl bei flickr als auch bei Pinterest können die Bilder in <u>Alben</u> sortiert werden.
Auf <u>YouTube</u> können Sie Videos hochladen und die von anderen mit „Mag ich" oder „Mag ich nicht" kennzeichnen und kommentieren. Ein Video kann übrigens nicht nur ein Kurzfilm sondern auch eine Diashow sein. Es kann eine Produktbeschreibung sein und die Funktionen erklären oder der Firmeninhaber erzählt selbst über die Serviceleistungen, die er anbietet.

Anmerkung: YouTube gehört auch zu Google.

<u>Expertenstatus erwerben mit LinkedIn oder exploreB2B.</u>
Bei LinkedIn können Sie Kenntnisse bestätigen oder Empfehlungen schreiben. Bei exploreB2B kann jemand weiterempfohlen oder als Branchen-Experte vorgeschlagen werden.

Tipp: Verlinken Sie von den Profilen Ihrer sozialen Netzwerke zu Ihrer Website und ergänzen Sie die Icons (siehe unter „Icons") der sozialen Netzwerke, auf denen Sie ein Profil haben, auf Ihrer Website, um mehr Besucher auf Ihrer Website bzw. Ihren sozialen Netzwerken zu generieren.

Google AdWords

Mit Google Adwords können Sie kostenpflichtig
Anzeigen schalten, um bei Suchanfragen auf der 1.
Seite zu erscheinen (siehe auch unter „Web"). Diese
Anzeigen werden oben im farblich abgegrenzten Teil
oder rechts mit der Überschrift „Anzeigen" gezeigt, um
sie von den organischen (nicht bezahlten) Such-
ergebnissen abzugrenzen (siehe unter „organische
Suchergebnisse").

Jeder kann ein Google AdWords Konto eröffnen und
eine Kampagne erstellen.
Google AdWords Kampagnen sind wie folgt aufgebaut:
• Kampagne
• Anzeigengruppen
• Anzeigen
• Keywords

Nehmen wir an, Sie verkaufen Haushaltsgeräte.
Variante A: Nur in Deutschland.
Variante B: In verschiedenen Ländern.
Sie könnten die Kampagnen dann wie folgt aufbauen:

Kampagnen
Variante A:
Sie erstellen 4 Kampagnen für Waschmaschinen,
Trockner, Backofen und Geschirrspüler.
Variante B:
Sie erstellen 4 Kampagnen für Deutschland, England,
Frankreich und Spanien.
Bei einer Kampagne können folgende Dinge gepflegt
und eingestellt werden:
  • Kampagnenname
  • Typ: Such- und Displaynetzwerk, nur Such-
    Werbenetzwerk oder nur Displaynetzwerk
    (siehe dort).
  • Geräte. Alle verfügbaren Geräte, Desktop-
    Computer und Laptops, Mobiltelefone mit
    vollwertigem Internetbrowser, Tablets mit

vollwertigen Internetbrowsern. Es gibt sogar erweiterte Mobiltelefon- und Tabletoptionen betreffend Betriebssystem, Gerätemodell, Mobilfunkbetreiber und WLAN. *Anmerkung:* Sie können mit dieser Differenzierung Ihre Kampagne auf bestimmte Geräte abstimmen z. B. auf kleine Displays bei Mobiltelefonen.

- Standorte/Zielregionen: Hier können Sie wählen, ob Sie z. B. eine Kampagne komplett auf Deutschland ausrichten möchten oder nur auf ein paar große Städte.

- Sprachen: Wenn Sie z. B. eine Kampagne für die Schweiz haben, könnten Sie hier als Sprachen Deutsch, Französisch und Italienisch einstellen und dann Anzeigen in diesen Sprachen erstellen.

- Gebotsoption: Hier entscheiden Sie, ob Sie den Schwerpunkt auf Klicks, Conversions oder Impressionen setzen wollen. Wenn Sie z. B. ein neues Produkt auf den Markt bringen wollen, könnte der Schwerpunkt auf die Impressionen gesetzt werden, damit die Anzeige mit dem neuen Produkt möglichst oft erscheint, ein Branding (ursprünglich das Brandzeichen für ein Pferd oder Rind, hier die Steigerung der Bekanntheit einer Marke). Wenn die Kampagne länger läuft und Sie Informationen sammeln konnten, welche Keywords zu Conversions geführt haben (z. B. ein Kauf), könnten Sie den Schwerpunkt von den Klicks (Klick auf Ihre Anzeige und Besuch Ihrer Website) auf Conversions ändern. Siehe auch im Lexikon unter „CPA", „CPC" und „CPM".

- Budget/Tag: Hier entscheiden Sie, wie viel Geld Sie pro Tag für Ihre Werbung ausgeben wollen. Bei Variante A könnten Sie z. B. das Budget für das Haushaltsgerät, das die beste Marge hat, am Höchsten ansetzen. Bei Variante B könnten

Sie das Budget für das Land, wo Sie am
meisten verkaufen, höher setzen.

- Schaltungsmethode: Hier empfehle ich
  Anzeigen zeitlich gleichmäßig verteilt zu
  schalten. Bei der beschleunigten
  Anzeigenschaltung könnte es passieren, dass
  Sie morgens bereits Ihr Budget verbraucht
  haben.
- Start- und Enddatum: Wenn Sie saisonal
  bedingt Anzeigen für eine Kampagne nur im
  Sommer, Winter oder zur Weihnachtszeit in
  einem bestimmten Zeitraum schalten wollen.
- Anzeigenplanung: Hier bestimmen Sie, an
  welchen Tagen und in welchen Zeiträumen Ihre
  Anzeigen geschaltet werden sollen. Z. B. keine
  Anzeigenschaltung am Samstag und Sonntag
  oder zwischen 12.00 und 14.00, weil da Ihr
  Geschäft geschlossen ist.
- Anzeigenschaltung: Anzeigenrotation,
  Frequency Capping:
  1. Anzeigenrotation: Hier können Sie wieder für
  Klicks oder Conversions optimieren und
  wählen, ob alle Anzeigen gleichmäßig oder
  leistungsabhängig geschaltet werden sollen.
  Leistungsabhängig heißt, dass die Anzeigen,
  die besser laufen, also mehr Klicks oder
  Conversions erzielen, häufiger geschaltet
  werden.
  2. Frequency Capping Häufigkeitsbegrenzung):
  Hier können Sie bei Bedarf eine Anzahl
  Impressionen als Obergrenze eintragen,
  Eingabe pro Tag, Woche oder Monat für eine
  Kampagne, Anzeigengruppe oder Anzeige.
  Damit wird festgelegt, wie häufig Ihre Anzeigen
  für einen einzelnen Benutzer im Display-
  Netzwerk geschaltet werden sollen.
- Soziale Einstellungen: Hier können Sie
  bestimmen, ob Sie +1-Schaltflächen oder +1-
  Hinweise in Ihren Anzeigen im Display-
  Netzwerk einbinden wollen.

Anmerkung: Bei der +1-Funktion können Sie im Netz mitteilen, dass Ihnen etwas gefällt (siehe auch unter „soziale Netzwerke").

- Automatische Kampagnenoptimierung: Der Ausrichtungsmodus kann Standard oder automatisch optimiert sein. Für automatisch optimiert müssen allerdings genügend Conversion-Daten zur Verfügung stehen. Diese Funktion gilt nur für das Display-Netzwerk.
- Tests: Hier können Sie Änderungen an Keywords und den Geboten in einer Kampagne testen, bevor Sie tatsächlich in der Kampagne umstellen.
- Ausschlüsse von IP-Adressen: Hier können Sie IP-Adressen (siehe unter "IP-Adressen") von Websites eingeben, auf denen Ihre Anzeigen nicht erscheinen sollen.

Da es zahlreiche und immer wieder neue internetfähige Geräte gibt, hat Google erweiterte Kampagnen eingeführt. Dabei spielen 3 Faktoren eine Rolle:

- der Standort,
- das Gerät (PC, Mobilgerät, Tablet, etc.),
- die Tageszeit.

Je nach Ort, Gerät und Zeit soll dem Suchenden immer die passende Anzeige gezeigt werden. Ein Restaurant könnte z. B. um 13.00 eine Anzeige mit Werbung für den Mittagstisch schalten und abends eine Anzeige mit Telefonnummer, um einen Tisch zu reservieren. Die Gebote, was für einen Klick oder 1000 Impressionen maximal gezahlt wird, können angepasst werden und sich danach richten, mit welchem Gerät und zu welcher Zeit jemand sucht.

YouTube
YouTube ist eine Internetplattform, wo man sich Videoclips ansehen kann. Die Videoclips können kurze

Filme zu Kinofilmen, Produkten, Firmen oder auch Lernfilme sein, wie etwas gemacht wird.

Anmerkung: Es können auch Video-Kampagnen erstellt werden, um z. B. mit einem Firmenvideo oder einem Kurzfilm über ein Produkt im Internet zu werben.

Werbenetzwerke

Google-Werbenetzwerk
Das Google-Werbenetzwerk besteht aus dem Such-Werbenetzwerk und dem Display-Netzwerk.

Such-Werbenetzwerk
Im Such-Werbenetzwerk (einem Teil des Google-Werbenetzwerks) werden alle Anzeigen in der Google-Suche und im Such-Werbenetzwerk angezeigt, dort befinden sich alle Websites und Apps (siehe unter „Apps"), wo AdWords-Anzeigen geschaltet werden können, es umfasst Google-Suche, Google Shopping, Google Maps, Google Bilder (siehe unter „Google Bilder") und Google Groups (eine Plattform zur Teilnahme an Online-Diskussionen) sowie Partner-Websites, wie z. B. AOL. Es wird unterschieden zwischen Google-Such-Websites (z. B. www.google.de oder www.google.com) und Suchwebsites, d. h. Websites, die Partner von Google sind, so dass auf deren Websites Anzeigen geschaltet werden können.

Anmerkung: Als Standard ist in den Kampagnen das Schalten von Anzeigen im Such-Werbenetzwerk aktiviert.

Display-Netzwerk
Das Display-Netzwerk (ein Teil des Google-Werbenetzwerks) ist eine Gruppe aus über einer Million Websites, Videos und Apps (siehe unter „Apps"), wo Ihre Anzeigen geschaltet werden können. Diese Partner-Websites erlauben, dass auf ihren Websites relevante (siehe unter „Relevanz") AdWords-Anzeigen angezeigt werden.

Wenn Sie „Display-Netzwerk" in Ihrer Kampagne aktiviert haben, können Ihre Anzeigen automatisch solchen Partner-Websites und anderen Placements (Orte im Internet, wo Ihre Anzeige geschaltet werden können, z. B. Apps), zugeordnet werden, wenn Ihre Anzeigen (z. B. die Keywords, Themen) in Bezug auf den Inhalt der Partner-Websites und Placements relevant sind.

Anmerkung: Sie können in Ihrer Kampagne zwischen 2 Varianten Placements wählen:

- automatische Placements, d. h. Sie überlassen Google die Auswahl der Placements.
- ausgewählte Placements, d. h. Sie wählen selbst an Hand von Keywords und Themen die Placements aus.

Tipp: Bei meinem 1. Buch „Tipps und Tricks vor und nach der Geburt" habe ich Banner mit ausgewählten Placements erstellt. Dazu habe ich mit Suchbegriffen wie z. B. Baby, Kinderwagen und Geburtsvorbereitung nach Placement-Vorschlägen gesucht, mir die angezeigten Websites angeschaut und dann entschieden, ob ich möchte, dass meine Anzeigen auf diesen Websites erscheinen. Es wurde auch eine Website für Partnervermittlung angezeigt, die ich nicht ausgewählt habe. Zusätzlich gibt es noch ein Placement-Tool (Werkzeug zur Auswahl von Placements), wo auch nach Placement-Typen wie z. B. Website, Video oder Spiel gesucht werden kann.

In den erweiterten Targeting-Optionen können Sie folgende Einstellungen vornehmen:

- Keywords erfassen.
- Placements erfassen oder ändern.
- Themen auswählen (z. B. Autos und Fahrzeuge, Computer und Elektronik).

- Interessen- und Remarketing-Kriterien, d. h. die Zielgruppen zu den oben erwähnten Themen auswählen.
- Geschlecht: Alle, männlich, weiblich oder unbekannt auswählen.
- Alter: Jedes Alter oder bestimmte Altersgruppen auswählen (z. B. 18 – 24 oder 45 – 54 Jahre).

Anmerkung: Je mehr Sie hier pflegen und einschränken (ein bestimmtes Thema, Geschlecht oder Alter) desto weniger Impressionen und Klicks können Sie erhalten.

Targeting
Es gibt 3 Formen von Targeting:

1. Kontext-Targeting
   Beim Kontext-Targeting (englisch = Zielgruppenansprache im Zusammenhang) werden die Suchbegriffe verwendet, um die Anzeigen in einer Umgebung passend zum Inhalt zu platzieren. Auf der Seite eines Autohändlers könnten z. B. Anzeigen zu KFZ-Versicherungen platziert werden.

2. Placement-Targeting
   Beim Placement-Targeting (englisch = Zielgruppenansprache nach Platzierung) können Sie die Websites im Display-Netzwerk (siehe unter „Display-Netzwerk") auswählen, wo Ihre Anzeigen erscheinen sollen. Hier werden keine Suchbegriffe benötigt wie beim Kontext-Targeting.

3. Total content targeting
   Beim Content Targeting (englisch = Zielgruppenansprache nach Inhalt) werden Anzeigentexte auf verschiedenen Websites (z. B. Nachrichtenseiten, Portalen, Blogs, etc.) im Contentnetz gezeigt, wo der Inhalt thematisch zu den Beiträgen dort passt.

Anzeigengruppen
Variante A:
Sie erstellen separate Anzeigengruppen für die
verschiedenen Typen, die es bei Haushaltsgeräten gibt.
Variante B:
Sie erstellen 4 Anzeigengruppen je Land für
Waschmaschinen, Trockner, Backofen und
Geschirrspüler.

Anzeigen
Sie erstellen in der jeweiligen Anzeigengruppe separate
Anzeigentexte für Waschmaschinen, Trockner, Backofen
und Geschirrspüler.
Variante A:
Hier können Sie gezielt auf die Vorteile des jeweiligen
Typs hinweisen.
Variante B:
Hier weisen Sie allgemein auf die Vorteile Ihrer
Haushaltsgeräte hin.

Anzeigen sind wie folgt aufgebaut:
Anzeigentitel (maximal 25 Zeichen)
Textzeile 1 (maximal 35 Zeichen)
Textzeile 2 (maximal 35 Zeichen)
Internetadresse

Tipp: In Word gibt es eine Funktion „Wörter zählen", die
Sie über die Optionen und das Menüband einfügen
können, so dass Sie nicht die Zeichen zählen müssen,
wenn Sie den Anzeigentext erstellen.

Wenn die Anzeige oben im farblich abgegrenzten
Bereich erscheint, ist sie dreizeilig, da 2 Zeilen
zusammengefasst werden und zusätzlich die
Internetadresse erscheint.
Wenn die Anzeige rechts erscheint, ist sie vierzeilig, d.
h. die 3 Zeilen oben und die Internetadresse.
Deshalb sollten Sie bei den Texten darauf achten, dass
mit Satzzeichen wie z. B. einem Komma oder Punkt der
Text einfach lesbar und zusammenhängend ist.

Anmerkung: Bei manchen Anzeigen gibt es bis zu 5 gelbe Sterne, wenn <u>Verkäuferbewertungen</u> vorliegen.

Bei der Internetadresse wird noch unterschieden in:
<u>Angezeigte URL</u>, d. h. die Internetadresse, die in der Anzeige bei der Google-Suche sichtbar ist.
<u>Ziel-URL</u>, d. h. die Internetadresse, auf die tatsächlich verlinkt wird.
Sie würden dann bei der angezeigten URL die Internetadresse der Startseite angeben.
Bei der Ziel-URL würden Sie z. B. bei einer Anzeige für Waschmaschinen direkt auf die Seite mit Wasch-maschinen verlinken und nicht auf die Startseite.

Tipp: Die Ziel-URL ist sehr wichtig, da Sie dem Internetbesucher unnötiges Klicken und Zeit sparen soll. Jemand, der nach einer Waschmaschine sucht, soll nicht erst suchen müssen, wo diese auf der Website ist, oder Trockner finden. Internetbesucher sind in der Regel sehr ungeduldig und verlassen schnell die Website, wenn sie nicht auf Anhieb das Gewünschte finden, siehe auch unter „Absprungrate/Ausstiegsrate".

Die <u>Position der Anzeige</u>, d. h. ob sie unter den ersten 3 oben oder rechts erscheint, ist abhängig vom <u>Gebot pro Klick</u> (vom Preis, den Sie maximal für jeden Klick zahlen wollen) und von einem Google-internen Qualitätsfaktor, der sich aus der CTR des Keywords (Klickrate, siehe unter „CTR") und der Relevanz (siehe unter „Relevanz") errechnet (siehe auch unter „Qualitätsfaktor").

Anmerkung: In Ihrem Google AdWords-Konto sehen Sie die <u>durchschnittliche Position</u>. Dieser Wert zeigt, an welcher Stelle Ihre Anzeigen durchschnittlich erschienen sind.

<u>Anzeigenerweiterungen</u>
Anzeigen können wie folgt erweitert, d. h. mit zusätzlichen Informationen ergänzt werden:

- Standorterweiterungen, um Adressdaten in der Anzeige zu zeigen.
- Anruferweiterungen, um Ihre Telefonnummer in der Anzeige zu zeigen. D. h., wenn jemand mit einem Mobiltelefon ins Internet geht, könnte statt einer Verlinkung zu Ihrer Website eine Weiterleitung zu Ihrem Telefon eingerichtet werden.
- Sitelinks-Erweiterungen: Diese Erweiterungen erscheinen direkt unter Ihrer Textanzeige. Bei einer Website für Haushaltsgeräte könnten Sie z. B. Sitelinks für Waschmaschinen, Trockner und Geschirrspüler einrichten, d. h. wenn jemand auf den Sitelink Waschmaschinen klickt, wird er direkt auf eine Webseite mit Waschmaschinen verlinkt.
- Produkterweiterungen, um Produktinformationen (z. B. den Preis) und Bilder in die Anzeige zu übernehmen. *Anmerkung:* Die Produkte dazu müssen im Google Merchant Center eingestellt werden und können dann auch bei Google Shopping (siehe unter „Google Shopping") erscheinen.
- Profilerweiterungen, um Ihre Google+-Seite (siehe unter „Google+") mit Ihren Anzeigen zu verbinden.
- Erweiterungen für Mobile Apps (siehe auch unter „Apps"): Die Erweiterung für Mobile Apps funktioniert ähnlich wie Sitelinks, nur dass Sie hier einen direkten Link zu Ihrer mobilen App einfügen, damit sich Kunden dort informieren oder diese Informationen herunterladen können.

Display-Anzeigen oder Werbebanner
Es gibt in Google ein Tool (Werkzeug) zur Erstellung von Display-Anzeigen, wo Sie aus Vorlagen eine eigene Display-Anzeige erstellen können. Je nach Vorlage können Sie ein oder mehrere Bilder, ein oder mehrere Textzeilen, eventuell ein Logo (Bildzeichen, z. B. ein

Firmenlogo) ergänzen. Teilweise sind die Banner auch animiert, d. h. Texte, Bilder, Schaltflächen erscheinen nacheinander, bis der Banner komplett ist. Die Anzeigen gibt es in diversen Formaten und sehen wie ein Lesezeichen oder eine Postkarte aus. Farbe des Hintergrunds oder der Schaltfläche und die Schriftart können angepasst werden. Wie bei den Anzeigen gibt es auch hier eine angezeigte URL (siehe unter „angezeigte URL") und eine Ziel-URL (siehe unter „Ziel-URL"), d. h. die 1. URL ist auf Ihrem Banner sichtbar und die 2. URL ist die, mit der tatsächlich verlinkt wird.

Tipp: Sie sollten die Texte so anpassen, dass möglichst viele Formate passen. Sie erhalten eine Meldung, wenn ein Text wegen der Länge bei einem bestimmten Format abgeschnitten wird. Der Grund dafür ist, dass die Partner-Websites von Google (siehe unter „Partner-Websites") unterschiedliche Formate zulassen, die Sie nicht kennen. Ihr Banner erscheint häufiger, wenn viele Größen möglich sind.

Keywords
Für jede Anzeigengruppe geben Sie dann separat Keywords ein, d. h. die Suchbegriffe, von denen Sie annehmen, dass ein potentieller Kunde damit sucht. Das sind in erster Linie die generischen Suchbegriffe Waschmaschine, Trockner, Backofen und Geschirrspüler (siehe unter „generische Suchbegriffe"). Es können aber auch Wortgruppen sein wie z. B. „Geschirrspüler 45" für Leute, die konkret nach einem Geschirrspüler mit dieser Breite suchen oder „Trockner Wärmepumpe".
Wenn Sie z. B. nach einer Waschmaschine suchen, wollen Sie eine Website finden, die Haushaltsgeräte anbietet und natürlich Waschmaschinen.

Es gibt die folgenden Keyword-Optionen, um zu steuern, bei welchen Suchanfragen Ihre Anzeigen erscheinen sollen:

- weitgehend passend: Die Anzeige erscheint, wenn die Suchanfrage ein Synonym (sinnverwandtes Wort) oder ein verwandter Begriff des Keywords ist oder relevante Varianten des Keywords verwendet wurden. Es ist z. B. egal, ob Sie die Einzahl oder Mehrzahl (z. B. Buch oder Bücher) verwendet oder sich vertippt haben (z. B. Bucher).

- passende Wortgruppe: Die Anzeige erscheint, wenn diese Wortgruppe oder ähnliche Varianten davon in der Suchanfrage verwendet wurden. Wenn Sie z. b. nach „Hotel mit Schwimmbad Konstanz" suchen, finden Sie natürlich Hotels mit Schwimmbad in Konstanz, aber auch Internetadressen, wo Sie allgemein nach Hotels mit Schwimmbad oder Hotels in Konstanz suchen können oder Hotels, die gar nicht in Konstanz sind, aber ein Schwimmbad haben.

- genau passend: Die Anzeige erscheint nur, wenn genau diese Suchanfrage gemacht wurde. Wenn Sie als einzigen Suchbegriff in Ihrer Kampagne „weiße Brautkleider" hätten, was ich natürlich nicht empfehle, würden Ihre Anzeigen nur geschaltet werden, wenn jemand als Suchanfrage „weiße Brautkleider" eingibt. Mit „Brautkleider" würde Ihre Anzeige nicht erscheinen.

- ausschließend: Die Anzeige erscheint nur ohne diesen Begriff in der Suchanfrage. Wenn Sie z. B. nur hochwertige Produkte und damit auch mit höheren Preisen verkaufen, könnten Sie z. B. „billig" als ausschließendes Keyword eingeben, damit jemand, der nicht viel Geld ausgeben möchte, nicht auf Ihre Website geht und dann gleich wieder verlässt, weil ihm die Preise zu hoch sind.

> **Tipp:** Gehen Sie regelmäßig die Liste mit den Suchanfragen durch, d. h. welcher Suchbegriff auf Ihre Website geführt hat, um Keywords auszuschließen, die nichts mit Ihren Produkten zu tun haben und um unnötige kostenpflichtige Klicks zu vermeiden.

In Ihrem Google AdWords-Konto sehen Sie folgende Informationen/Daten

Ad Impressions oder Impressionen
Die Anzahl der Impressionen gibt an, wie oft eine Anzeige erschienen ist.

Klicks
Die Anzahl der Klicks gibt an, wie oft auf eine Anzeige geklickt wurde, d. h. derjenige, der geklickt hat, ist auf eine Website weitergeleitet worden, wo er eventuell auch eine Aktion ausgeführt hat (siehe unter „Conversions").

Conversions
Conversions sind Aktionen von Besuchern auf einer Website. Eine Aktion oder Ziel ist z. B. eine Bestellung, die Registrierung für einen Newsletter oder das Ausfüllen eines Kontaktformulars.

Anmerkung: In der Spalte Kosten/Conversion sehen Sie in Ihrem Konto die Kosten jeweils für eine Conversion.

Conversion Rate
Die Conversion Rate zeigt, wie viele Besucher einer Website einen Abschluss getätigt haben (siehe unter „Conversions"). Die Conversion Rate wird wie folgt berechnet:
Conversion Rate = Anzahl der Abschlüsse x 100 geteilt durch die Anzahl der Besucher
Die Conversion Rate misst das Verhältnis von Besuchern zu Conversions und ist im Suchmaschinen-marketing (siehe unter „Suchmaschinenmarketing") ein

wichtiger Wert, um den Erfolg der Kampagne zu messen.

CPC (cost per click = Preis pro Klick)
Der CPC ist der Preis, der pro Klick auf eine Anzeige zu bezahlen ist.
CPC = Kosten / Klicks.

Anmerkung: In der Spalte durchschnittlicher CPC sehen Sie in Ihrem Konto die durchschnittlichen Kosten pro Klick.

Tipp: Gehen Sie regelmäßig die Liste mit den Keywords unter dem Gebot für die 1. Seite durch. Meistens wird bei Suchanfragen nur die 1. Seite angeschaut, so dass es keinen Sinn ergibt, wenn Ihre Anzeige dort nicht erscheint. Die Höhe des Gebots hängt vom Qualitätsfaktor (siehe unter „Qualitätsfaktor") des Keywords ab und von dem, was Ihre Konkurrenz macht bzw. bietet.

CPM (cost per thousand impressions = Kosten pro tausend Impressionen)
Bei der Einstellung CPM muss im Gegensatz zum CPC (siehe unter „CPC") nicht pro Klick sondern pro 1000 erhaltene Impressionen gezahlt werden.

Anmerkung: In der Spalte durchschnittlicher CPM sehen Sie in Ihrem Konto die durchschnittlichen Kosten für jeweils 1000 Impressionen.

CTR (click through rate = Klickrate)
Die CTR misst das Verhältnis zwischen der Anzahl der Impressionen und der Anzahl der Klicks.
CTR = Anzahl Klicks / Anzahl Impressionen.
D. h. je weniger Impressionen Sie benötigen, um einen Kick zu erhalten, desto höher und besser ist die CTR.
Der Qualitätsfaktor eines Suchbegriffs wird auch durch die CTR mitbestimmt.

Anmerkung: Die CTR ist bei Anzeigen im Display-Netzwerk in der Regel niedriger als im Such-Netzwerk.

Durchschnittliche Position
In der Spalte durchschnittliche Position sehen Sie, auf welcher durchschnittlichen Position Ihre Anzeige erschienen ist. Sollte unter den ersten 3 Positionen sein, da diese Anzeigen mehr beachtet werden als die Anzeigen, die ab der 4. Position erscheinen.

> **Tipp:** Prüfen Sie, ob Sie die Gebote für Ihre Keywords ggf. erhöhen müssen, um eine bessere Position zu erreichen.

Kosten bei AdWords
In der Spalte Kosten sehen Sie in Ihrem Konto je nach Einstellung für den ausgewählten Zeitraum die kompletten Kosten für einen Suchbegriff, eine Anzeige, eine Anzeigengruppe oder eine Kampagne.

SEO kontra AdWords

Es gibt 2 Möglichkeiten, damit Ihre Website in einer Suchmaschine auf der 1. Seite gefunden wird:

1. Suchmaschinenoptimierung
2. Google AdWords

Während man mit einer Google AdWords Kampagne (siehe unter „Google AdWords") sofort mit einer Anzeige auf der 1. Seite erscheinen kann, ist es mit Suchmaschinenoptimierung zeit- und arbeitsintensiv dasselbe Ziel zu erreichen.
Eine Google AdWords Kampagne kann jederzeit aktiviert und pausiert werden und Sie bestimmen selbst das Tagesbudget, das Sie für Ihre Anzeigen investieren wollen.
Indem Sie Anzeigen in Google AdWords erstellen und testen, können Sie herausfinden, welche Texte und Slogans mehr Kunden ansprechen.
Wofür auch immer Sie sich entscheiden, auch eine Kombination von beidem ist möglich, ein Google Analytics Konto (siehe unter „Google Analytics") sollte in jedem Fall erstellt werden, um die Besuche auf der Website zu analysieren, aus welchen Ländern, mit welchen Suchbegriffen, wie lang und auf welchen Seiten Sie Besucher hatten.
Mit Google Analytics können Sie auch Informationen sammeln, die Sie zur Suchmaschinenoptimierung verwenden können, wie z. B. die Suchbegriffe, die Sie auf Ihren Webseiten verwenden sollten.

Offline Promotion (Werbung, die nicht im Netz/online stattfindet)

Die klassischen traditionellen Massenmedien sind Radio, Fernsehen, Film und Zeitungen.

- Werbemittel wie z. B. Lesezeichen, Mousepads, Visitenkarten, Stifte, Schlüssel- oder Kofferanhänger, Tüten, Baumwolltaschen, Kalender mit Logo und Internetadresse der betreffenden Firma.
- T-Shirts. Auf Konzerten oder danach sieht man oft die Fans mit T-Shirts des Stars.
- Anzeigen in Zeitungen.
- Mailingaktionen per E-Mail oder Postkarte.
- Telefonmarketing.
- Prospekte.
- Aushänge am Schwarzen Brett in z. B. Universitäten, Arztpraxen, etc.

Tipp: Wählen Sie bei den Werbemitteln Dinge, die man regelmäßig in Gebrauch hat und dann auch von möglichst vielen Personen gesehen werden können.

Anmerkung: Ich habe Lesezeichen und Visitenkarten drucken lassen, die ich dann verteilt habe, um mein 1. Buch zu promoten.
Außerdem eine Anzeige geschaltet, um auf mein Buch aufmerksam zu machen.
Zusätzlich habe ich eigene Websites erstellt und Display-Anzeigen, auch Banner genannt, geschaltet (siehe unter „Display-Anzeigen").
Außerdem bin ich in diversen sozialen Netzwerken aktiv.

Nachwort

Ihnen sind bestimmt die vielen Verweise aufgefallen. Das hängt damit zusammen, dass alles irgendwie zusammenhängt.
Jetzt besitzen Sie hoffentlich ein Grundverständnis für das Internet, verschiedene Google-Produkte, Webdesign und Suchmaschinenoptimierung.

Es ist eine andere Zeit heute, Kinder sitzen schon früh am Computer, schauen Filme auf YouTube an, besitzen eine Playstation, Wii oder einen Game Boy.

Handys haben einen Internetzugang, man simst und postet lieber statt persönlich miteinander zu reden, zu telefonieren oder Briefe zu schreiben.

Menschen geben bei Facebook oder Twitter Ihr gesamtes Privatleben im Internet Preis.

Berufstätige werden durch die ständige Verfügbarkeit über das Internet und Handy krank.

So fasziniert ich auch vom Computer und Fortschritt bin, es hat alles seine Vor- und Nachteile.

In diesem Sinne, nutzen Sie die Vorteile und vermeiden Sie die Nachteile.

Noch ein **Tipp** zum Schluss: Treten Sie z. B. bei LinkedIn in Gruppen oder bei Google+ in Communities ein, wo über Themen diskutiert wird, die Sie interessieren, dann bleiben Sie immer auf dem Laufenden.

Stichwortverzeichnis

B

C

F

G

J

K

O

P

T

X

Y

Z

Bisher erschienen:

Tipps und Tricks vor und nach der Geburt
ISBN: 978-3-8482-2560-6 oder 3848225603

Tipps und Tricks, wie Sie Ihr Leben entrümpeln
ISBN: 978-3-8482-5135-3 oder 3848251353

Tipps und Tricks für den Alltag und Denkanstöße
ISBN: 978-3-7322-4626-7 oder 3732246264

Weitere Informationen unter:

www.claudiadieterle.de
www.tipptrick.com (mit Blog)
www.claudia-dieterle.de